OUVINDO DEUS
NA TEMPESTADE

OUVINDO DEUS
NA TEMPESTADE

ADEILSON SALLES

AGRADECIMENTOS

Aos meus pais, pelas tempestades superadas.

À Bruna Morgan, pelo amor calmaria em minhas tempestades. Por me amar como sou, sem desejo de querer colonizar minha vida.

Aos meus editores, Luiz e Claudia Saegusa, pelos bons ventos da amizade durante as tempestades.

Deus falou comigo por vocês.

E eis que no mar se levantou uma tempestade, tão grande que o barco era coberto pelas ondas; ele, porém, estava dormindo.

E os seus discípulos, aproximando-se, o despertaram, dizendo: Senhor, salva-nos, que perecemos.

E ele disse-lhes: 'Por que temeis, homens de pouca fé'? Então, levantando-se, repreendeu os ventos e o mar, e seguiu-se uma grande bonança. E aqueles homens se maravilharam, dizendo: 'Que homem é este, que até os ventos e o mar lhe obedecem'?

Mateus 8:24-27

SUMÁRIO

OUVINDO DEUS NA TEMPESTADE...13

Capítulo 1 – DEUS, O FAROL...19

Capítulo 2 – A CARTA NÁUTICA.......................................24

Capítulo 3 – TEMPESTADE E ANSIEDADE.............................28

Capítulo 4 – O SONHO DESFEITO.....................................32

Capítulo 5 – A TEMPESTADE DA CULPA.............................35

Capítulo 6 – ENXERGANDO DEUS NA TEMPESTADE 39

Capítulo 7 – TRIGOS DE DEUS 42

Capítulo 8 – A PALAVRA DE DEUS É ALIMENTO.............45

Capítulo 9 – FÉ E TEMPESTADE.......................................48

Capítulo 10 – INVESTIMENTO DE DEUS.............................53

Capítulo 11 – TEMPESTADES SÃO PASSAGEIRAS.............56

Capítulo 12 – A PRISÃO DO MEDO.....................................59

Capítulo 13 – SENTIDO DA VIDA.......................................63

Capítulo 14 – TEMPESTADES NO CORAÇÃO.............67

Capítulo 15 – OUVINDO DEUS EM CASA.............................71

Capítulo 16 – GRATIDÃO E TEMPESTADE.............................75

Capítulo 17 – TEMPESTADES E PERSONAGENS 79

Capítulo 18 – OUVINDO A VOZ DE DEUS.................................. 83

Capítulo 19 – TEMPESTADE FAMILIAR 87

Capítulo 20 – TEMPESTADES E CASAMENTO 90

Capítulo 21 – CORRUPÇÃO EMOCIONAL E ESPIRITUAL .. 94

Capítulo 22 – PALAVRAS QUE ALIMENTAM 98

Capítulo 23 – TEMPESTADES E FÉ... 102

Capítulo 24 – TEMPESTADES E PAZ.. 104

Capítulo 25 – TEMPESTADE DO ADEUS 108

Capítulo 26 – A CARIDADE COMO FAROL............................... 113

Capítulo 27 – FRAGILIDADE 116

Capítulo 28 – TEMPESTADES DA INSEGURANÇA............... 121

Capítulo 29 – O SEPULCRO DO CORAÇÃO 125

Capítulo 30 – LUZES NA TEMPESTADE...................................128

Capítulo 31 – A AJUDA NA TEMPESTADE................................132

Capítulo 32 – CALMARIA 136

Capítulo 33 – TEMPESTADE E JESUS 140

Capítulo 34 – VENCENDO GOLIAS 143

Capítulo 35 – TRAVESSIA...147

Capítulo 36 – MUNDO DE CÉSAR E MUNDO DE DEUS 151

Capítulo 37 – TEMPESTADES E SERVIÇO 155

Capítulo 38 – TEMPESTADE E MERECIMENTO.................... 159

Capítulo 39 – ESCOLHIDOS E CAPACITADOS 163

Capítulo 40 – TEMPESTADE ÍNTIMA 168

Capítulo 41 – VOZES DE DEUS 172

Capítulo 42 – OUVINDO DEUS 176

Capítulo 43 – SONHOS E TEMPESTADES 180

Capítulo 44 – TEMPESTADES DA ALMA 183

Capítulo 45 – DEPOIS DA TEMPESTADE 186

OUVINDO DEUS NA TEMPESTADE

Os fariseus e os saduceus aproximaram-se de Jesus e o puseram à prova, pedindo-lhe que lhes mostrasse um sinal do céu.

Ele respondeu: Quando a tarde vem, vocês dizem: 'Vai fazer bom tempo, porque o céu está vermelho', e de manhã: 'Hoje haverá tempestade, porque o céu está vermelho e nublado'.

Vocês sabem interpretar o aspecto do céu, mas não sabem interpretar os sinais dos tempos!

Mateus 16:1-3

Quando a tempestade das lutas humanas ruge no céu de nossas vidas a lucidez nos escapa, e o desespero assume o comando de nossas atitudes.

Tempestades fazem parte do caminho dos viajantes, e somos nós que necessitamos levar no alforje do nosso coração os instrumentos para a travessia, muitas vezes dolorosa.

Séculos atrás o homem se guiava pelas estrelas, pela direção do vento, pelo nascer do sol e o crepúsculo do dia.

São os instrumentos naturais, sinais de Deus em sua Criação para o homem não se perder no caminho.

E quantos se salvaram em meio às tempestades, por ouvirem a voz de Deus nos momentos mais graves e desesperadores?

Atualmente, a tecnologia nos aponta caminhos quando nos perdemos no trânsito, ou desconhecemos a nova cidade à procura de um endereço. Para os caminhos da Terra a inteligência humana já conta com localizadores por satélite e outros recursos mais.

Para as vastas estradas da alma, entretanto, Deus continua a ser a bússola de hoje e de sempre.

As tempestades climáticas estão sendo previstas, e até mesmo a quantidade milimétrica das águas está sendo detectada, de maneira a prevenir as grandes calamidades. Ainda assim, muitos perecem e se "afogam" nas dolorosas transformações planetárias.

A tempestade climática revela a devastação na alma do homem, que segue destruindo sua morada.

Sentado em confortável poltrona, o ser humano toca uma tela e a comida lhe chega à porta, com mais um leve toque de seu dedo ele supera distâncias continentais e se comunica com alguém. Esse mesmo homem, no entanto, se utiliza da tecnologia para desenvolver medicamento alopático, para acalmar suas emoções e combater a tristeza que lhe invade o ser.

As tempestades emocionais ensombram o céu de sua existência, e o homem inunda-se de incertezas e lágrimas perecendo em naufrágio estrepitoso.

Não obstante essa realidade, as estrelas seguem brilhando para além das nuvens cinzentas, falando de um Ser que o homem adoecido não vê e acredita não precisar.

Deus é abrigo na hora da tempestade, Deus é colo nos momentos dolorosos, quando, feito crianças, não sabemos para onde correr.

Por mais que pareça paradoxal, é na tempestade que Ele fala com o nosso coração. Contudo, o homem não se detém para ouvir a voz de seu Criador.

As escrituras sagradas estão repletas de personagens que ouviram Deus durante a tempestade, são muitos.

Noé esperou mais sete dias e soltou novamente a pomba.

Ao entardecer, quando a pomba voltou, trouxe em seu bico uma folha nova de oliveira. Noé então ficou sabendo que as águas tinham diminuído sobre a Terra. Esperou ainda outros sete dias e de novo soltou a pomba, mas desta vez ela não voltou. No primeiro dia do primeiro mês do ano seiscentos e um da vida de Noé, secaram-se as águas na Terra. Noé então removeu o teto da arca e viu que a superfície da Terra estava seca.

No vigésimo sétimo dia do segundo mês, a Terra estava completamente seca. Então, Deus disse a Noé:

> *Saia da arca, você e sua mulher, seus filhos e as mulheres deles.*
>
> *Faça que saiam também todos os animais que estão com você: as aves, os animais grandes e os animais pequenos que se movem rente ao chão. Faça-os sair para que se espalhem pela terra, sejam férteis e se multipliquem.*
>
> Gênesis 8:10-17

A narrativa alegórica de o *Antigo Testamento* nos fala de Noé, um homem de "seiscentos anos". Quantas vidas teria esse espírito vivido em seis séculos, entre tempestades e sofrimentos?

E toda a geração de homens desses séculos, que não ouviram a voz de Deus durante suas tempestades, em sua maioria, tormentas criadas por eles mesmos?

O orgulho fecha nossos ouvidos para escutar a voz de Deus em meio às tempestades, mas essa voz não deixa de ecoar incessantemente pelo nosso périplo imortal.

Que tenhamos ouvidos de ouvir a voz de Deus, olhos para ver seus sinais no Céu e na Terra, e coração para sentir a sua compaixão.

Adeilson Salles

Capítulo 1

DEUS, O FAROL

Quando passares pelas águas estarei contigo, e quando pelos rios, eles não te submergirão; quando passares pelo fogo, não te queimarás, nem a chama arderá em ti. Porque eu sou o Senhor teu Deus, o Santo de Israel, o teu Salvador; dei o Egito por teu resgate, a Etiópia e a Seab em teu lugar.

Isaías 43:2-3

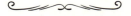

Despertei às 5h da manhã e me deparei com uma mensagem no celular, a tempestade de um diagnóstico de câncer havia se abatido na vida do remetente. Uma frase precedia o resto da mensagem:

Preciso de você!

A narrativa que seguia essas primeiras palavras era a de um coração angustiado, alguém a se dar conta de que a embarcação de sua vida estava iniciando a travessia por uma grande tempestade. Diagnosticado com câncer, aquele coração querido pedia socorro, uma palavra, um gesto, um colo.

No primeiro impacto da grande onda tempestuosa, perdemos o chão, e tudo fica fora de ordem. O caos na alma, a mente que não consegue concatenar os pensamentos que arrebentam o cérebro, tais quais as ondas do mar bravio a bater no casco da embarcação.

No mar tempestuoso da vida humana a falta de fé nos deixa à deriva, perdidos, sem direção.

Onde os salva-vidas ante o naufrágio eminente?

A princípio a descrença, a incompreensão e a pergunta que ecoa:

Por que comigo?

Com a mente em turbilhão, procuramos outros seres humanos portadores da mesma enfermidade, na aflição da mesma tempestade.

O coração aos saltos, buscando algo em que possa se agarrar debate-se nas batidas descompensadas.

O choro que brota espontâneo.

Na escuridão da noite, os navios utilizam-se de satélites, modernas cartas náuticas e faróis que guiam a embarcação na madrugada escura.

O remetente da mensagem procurou-me, precisava de um farol, uma carta náutica, um satélite para se guiar no desconhecido mar de uma enfermidade degenerativa.

Após o impacto da leitura da mensagem, eu me recompus, era preciso responder, acolher, dizer algo para quem se debatia, momentaneamente, na escuridão de uma profunda dor.

Minhas palavras não podiam ser outras:

Tenha fé, esperança, mas sobretudo, aguarde algumas horas se esforçando para ter serenidade, de modo que a lucidez possa acalmar seu desassossego, e assim você possa retomar a rota da embarcação.

Se diante da tempestade nós nos debatermos no desespero, facilitaremos o naufrágio da nau.

As tempestades pedem silêncio e espera, para ouvirmos a voz de Deus.

Ao gritarmos nosso desespero tudo agrava e, então, não conseguimos fazer a leitura da carta náutica, nem enxergamos o farol, ou ainda a mensagem que aquela dor veio nos entregar.

A dor é a mensagem de Deus pedindo para corrigirmos o rumo da nossa vida.

Alguns recebem o diagnóstico como atestado de óbito e deixam de viver, outros recebem a notificação de enfermidade como certidão de nascimento e tornam-se criaturas novas.

Tempestades têm poder de renovação, e não temos controle sobre elas; o barco não controla o mar, mas deve ressignificar a rota para navegar com segurança.

> *Deus é o nosso grande farol, a nos guiar para portos de esperança e renovação.*

Já atravessei grandes tempestades e precisava dizer ao remetente que Deus fala conosco durante as tormentas.

É preciso erguer as velas da oração para aproveitar os ventos da fé, revendo a direção das nossas vidas.

Atualmente, vivo em uma cidade portuária de movimento ostensivo, onde grandes embarcações implementam o comércio entre o nosso país e outros continentes. E nesse movimento de ancoragem, embora os comandantes sejam portadores de grandes habilidades, na travessia dos oceanos eles necessitam do concurso de profissionais locais, os chamados "práticos", pessoas que conhecem os canais estreitos para levar a embarcação a uma atracação segura.

Sem a presença dos práticos, mesmo com toda tecnologia, os navios correriam riscos graves para atracar. Portanto, um poderoso navio não prescinde de um farol, de ajuda para chegar ao seu destino com segurança.

A nau da nossa vida tem no Evangelho a carta náutica, que dará estabilidade nos instantes de arrebentação do mar. Quando a ventania das dores nos levar de um lado para o outro e o medo, a insegurança e a enfermidade, ou o fim de uma relação nos deixar à deriva, nos esforcemos na conquista do silêncio para ouvir a voz de Deus.

Essa voz não indica um caminho de facilidades, não nos tira das grandes e necessárias travessias, mas é e será sempre o farol a apontar o rumo mais seguro para seguirmos firmes no leme da nossa existência.

Quem me procurou estava passando por uma tempestade, e eu senti a necessidade de acalmá-lo. Foi daí que surgiu o projeto deste livro, que tem o objetivo de fortalecer as pessoas para a superação das tempestades do passado, do presente e do futuro, provocando uma conexão com o Divino e, com isso, ampliar a sua visão sobre os acontecimentos da vida.

> *Disse-lhe Jesus: 'Eu sou a ressurreição e a vida. Aquele que crê em mim, ainda que morra, viverá; e quem vive e crê em mim não morrerá eternamente'.*
>
> João 11:25-26

Capítulo 2

A CARTA NÁUTICA

Ele os tirou de lá, fazendo maravilhas e sinais no Egito, no mar Vermelho e no deserto durante quarenta anos.

Atos 7:36

Há quanto tempo a dor visita seus passos?

Há quanto tempo os ciclos se repetem?

O desassossego das dores repetidas dá sinais claros de que precisamos renovar nossas atitudes, ressignificar nossos pensamentos e visão de mundo, de forma que a nossa energia interior possa se transformar.

O Deus que demoveu do Egito os hebreus, e que, séculos depois Jesus apresentou ao mundo pelo seu Evangelho, como Pai Amoroso e bom, é o mesmo que aguarda sua mudança de atitude para fazer o "milagre" nos seus dias.

Muitas vezes, atravessar o mar das sensações físicas leva o ser humano a se afogar no oceano dos gozos viciantes. Um processo de escravidão mental e física, em que o homem se compraz em ser seviciado.[1]

Na inundação do mar Vermelho das paixões, Deus espera que o escravo queira a liberdade para se tornar um homem novo. Então, o impossível acontecerá, e o mar se abrirá para a terra prometida do Evangelho com Jesus.

As travessias fazem parte da vida, mas em todas elas não podemos renunciar à direção escolhida, pois quem não sabe para onde ir qualquer caminho lhe atende. Ideia essa que remete a Lewis Carroll, em *Alice no País das Maravilhas*, pela célebre frase dita pelo Gato Cheshire à Alice: *Se você não sabe para onde ir, qualquer caminho serve*.

Todas as manhãs fazemos as nossas escolhas, buscamos no amanhecer um caminho novo para viver com a realização que cada qual almeja para si.

Não é fácil lidar com as tempestades nascidas das nossas escolhas, nem sempre as mais felizes.

---

1 Seviciado significa que sofreu sevícias, ou seja, foi maltratado, torturado, ferido, batido ou ofendido. É o particípio do verbo seviciar, que significa aplicar sevícias em alguém, maltratá-lo ou torturá-lo.

Habitualmente, cultivamos a perspectiva da terceirização das dores, dessa forma nosso olhar vicioso procura sempre na exterioridade alguém que possa ser responsabilizado por nossas angústias.

O caminho proposto por Jesus é totalmente oposto à visão comum, Ele pede que busquemos o "reino dos céus" na intimidade da nossa alma.

A tempestade tem maior ou menor intensidade a depender da direção que olhamos: olhar para fora, ilusão por dentro. Assim sendo, ser-nos-á mais assertivo, no enfrentamento de nossas lutas, a busca em nós mesmos do gatilho que deflagra o nascer das dores tempestuosas.

Não me esqueço do soneto, "Mensagem Fraterna", poema psicografado por Chico Xavier, ditado pelo espírito Auta de Souza, quando ela fala ao nosso coração, praticamente na forma de apelo, a dizer:

...Volta ao teu templo interno, abandonado, a mais alta de todas as capelas, e as respostas mais lúcidas e belas hão de fazer-te alegre e conformado...

Sem dúvida alguma, o Evangelho de Jesus é uma carta náutica para o enfrentamento do mar alto das provações, entretanto, recorrer ao templo interior, ouvir a voz do coração é facilitar o encontro com a voz de Deus.

Em *Livro de Salmos*, 105:4, o salmista nos orienta:

Recorram ao SENHOR e ao seu poder;
busquem sempre a sua presença.

Os prazeres do mundo nos distraem e, consequentemente, nós nos perdemos daquilo que é o propósito de Deus, para o propósito dos nossos prazeres. E quando isso acontece, adentramos o epicentro das tempestades da alma, que irá reverberar na nossa estrutura psicológica, em nosso equilíbrio.

> *A vida material, se não*
> *for bem administrada*
> *nos escraviza,*
> *tornando-nos escravos*
> *do Faraó.*

Moisés foi o libertador dos hebreus do jugo egípcio, Jesus é o libertador da alma, da escravidão dos vícios e paixões.

Capítulo 3

TEMPESTADE E ANSIEDADE

Para tudo há uma ocasião certa; há um tempo para cada propósito debaixo do céu: Tempo de nascer e tempo de morrer, tempo de plantar e tempo de arrancar o que se plantou.

Eclesiastes 3:1-2

Na ordem natural da vida, todas as coisas se cumprem no devido tempo.

O processo civilizatório que rege a vida humana na Terra desses dias nos fala de uma vida de urgências e aparências. As relações são fugazes, e os interesses e desejos devem ser atendidos imediatamente.

Essa constatação pode ser observada até mesmo na linguagem e comunicação utilizada nas redes sociais e aplicativos de mensagem.

Os livros, para muitas pessoas, são objetos obsoletos.

Planta-se pela manhã, deseja-se efetivar a colheita ao entardecer.

Essa ideia de uma vida instantânea, de emoções e desejos imediatos tem aumentado consideravelmente o número de transtornos emocionais. Observamos crises coletivas de neurose a se disseminarem através da adoção dos falsos modelos de felicidade.

Pessoas são tão descartáveis como qualquer objeto.

A palavra do Eclesiastes é permeada de sabedoria, pois existe tempo certo para o desenvolvimento da vida.

A gestação humana decorre no período de nove meses, mas certamente muitas pessoas gostariam que ela ocorresse em trinta dias.

> *Entre a semeadura e a colheita existe a floração; para a formação na faculdade precisamos primeiramente nos alfabetizar.*

Esse senso de urgência com que se vive é o espelho do adoecimento coletivo. Atende-se primeiramente às sensações, para que o gozo se dê o mais rápido possível.

Existe um ditado popular muito adequado para esses dias: "o apressado come cru".

O apressado se frustra sempre, pois não entende que a vida necessita do cumprimento de suas etapas. E é nesse processo apressado de viver, que a ansiedade se instala na alma e no coração de quem não aprende a respeitar o tempo da vida.

A ansiedade é potencializada de tal forma que a criatura humana acredita poder controlar a vida.

Vivemos um tempo de crianças e adolescentes ansiosos que já se tornam pacientes de psiquiatras, que mal conseguem atender à demanda.

É preciso puxar o freio de mão, não é possível impor às crianças uma agenda de compromissos que lhes impeça de ser crianças.

Crianças adultizadas, por adultos ansiosos.

É a urgência do adoecimento que desejamos, inconscientemente, ver instaurada no mundo infantojuvenil. Não respeitamos que para tudo existe o tempo certo, queremos que as crianças e adolescentes cresçam logo, se formem logo, trabalhem logo, ganhem dinheiro logo.

Tudo isso, para que logo se deprimam, se mutilem, se suicidem.

Algumas tempestades são plantadas por mentes adoecidas.

A ansiedade é o desejo de se controlar uma vida impermanente, isso é impossível.

A ansiedade é uma tempestade criada por processos que não respeitam as leis naturais e o tempo da vida.

O ansioso que não tem tempo para ouvir Deus, na sua rotina apressada, terá tempo de ouvi-lo quando a doença o paralisar.

Capítulo 4

O SONHO DESFEITO

Meu servo Moisés está morto. Agora pois, você e todo este povo preparem-se para atravessar o rio Jordão e entrar na Terra que eu estou para dar aos israelitas.

Josué 1:2

A vida é uma sucessão de frustrações aos nossos olhos porque compreendemos a dimensão do existir por aquilo que aparentemente podemos controlar no momento.

Considerando-se que a existência humana se caracteriza por sua impermanência, os fatos que não controlamos nos remetem ao entendimento de que a injustiça preside o existir. Tudo aquilo que foge ao roteiro traçado para cada dia, de modo a atender aos nossos anelos, nos frustra. E quando as expectativas se fundamentam em outros seres humanos, a possibilidade de que uma decepção se desencadeie é real.

Os textos sagrados nos falam da palavra do profeta Josué, e nós podemos contextualizar essa passagem bíblica interpretando-a como a morte das nossas expectativas sobre algum fato, ou alguém que nos sirva de arrimo psicológico, ou espiritual.

A morte de Moisés levou os israelitas a experimentarem uma orfandade coletiva, visto que seu grande líder havia perecido. O que aconteceu com os hebreus ocorre conosco todas as vezes que transferimos nossa liderança para homens impermanentes.

O Velho e o Novo Testamentos estão repletos de relatos de homens, que tiveram de atravessar suas tempestades e somente lograram vencê-las após voltarem seus olhos espirituais para Deus.

Quando o profeta adverte que precisamos atravessar o rio Jordão, para chegarmos à terra prometida aos israelitas, ele fala para os espíritos imortais.

Todos nós devemos atravessar rios e mares para chegar à terra dos israelitas, ou seja, ao reino de Deus, quando poderemos usufruir da graça da paz e do resultado de nossos esforços em vencer as adversidades.

Não é preciso morrer fisicamente para alcançar a terra prometida aos israelitas, mas é importante atender à vontade do Pai para nos tornarmos um santo?

Não, porém para sermos mais humanos em nossa passagem pelo mundo.

Todos somos herdeiros de uma terra prometida; somos hoje os israelitas de ontem, amedrontados pela ignorância e incompreensão do verdadeiro amor de Deus.

Por enxergarmos o mundo pelo filtro de nossos traumas e sermos portadores de grande limitação cognitiva espiritual, na esfera do Evangelho, cremos em divisões dentro de nossa família. A família humana é uma só, as ovelhas estão sob a égide do mesmo pastor, e para Ele não existe diferença entre elas. Todos somos filhos queridos de Deus; o Pai aguarda nossos esforços, de modo que entremos pelo coração na terra prometida aos israelitas.

> *As minhas ovelhas ouvem a minha voz; eu*
> *as conheço, e elas me seguem.*
>
> João 10:27

Nossas esperanças são vãs quando depositadas em homens impermanentes, mas se assentam na graça de Deus, ao serem depositadas em Jesus de Nazaré.

Capítulo 5

A TEMPESTADE DA CULPA

E os escribas e fariseus trouxeram-lhe uma mulher apanhada em adultério;

E, pondo-a no meio, disseram-lhe: 'Mestre, esta mulher foi apanhada, no próprio ato, adulterando'.

E na lei nos mandou Moisés que as tais sejam apedrejadas. Tu, pois, que dizes?

Isto diziam eles, tentando-o, para que tivessem de que o acusar. Mas Jesus, inclinando-se, escrevia com o dedo na terra.

E, como insistissem, perguntando-lhe, endireitou-se e disse-lhes: 'Aquele que de entre vós está sem pecado seja o primeiro que atire pedra contra ela'.

João 8:3-7

A passagem do Evangelho na qual os fariseus e escribas procuraram Jesus para testar a sua lealdade à lei é conhecida de todos nós, e certamente nunca será esquecida, porque de alguma forma todos nós temos pessoas que desejam nos "apedrejar" tanto quanto em alguns momentos nos situamos na posição de "apedrejadores".

Uma das grandes tempestades experienciadas pelo homem é a culpa, o remorso que corrói e pode se tornar uma prisão psicológica.

Todos erramos, isso é fato, mas nossa memória é muito curta e nos esquecemos sempre do quanto nos equivocamos. Somos exímios julgadores da vida alheia, e nosso sentimento de indulgência é raso.

Historicamente, os religiosos valem-se da culpa e da dificuldade das pessoas em lidar com os próprios erros, para fazerem disso instrumento de dominação e manipulação.

Os psicólogos e psicanalistas deparam-se com esses quadros dolorosos em seus consultórios.

O consultório de Jesus era o mundo, e onde quer que Ele estivesse suas palavras significavam uma catarse coletiva. E especificamente no caso da mulher "adúltera" todos receberam dos lábios do Cristo o recibo de suas próprias limitações. Queriam apedrejar a mulher, e foram "apedrejados" espiritualmente levando para sempre a receita de compaixão aviada por Jesus.

Todos erramos, experimentamos quedas clamorosas, repetimos erros, pela nossa condição ainda de inferioridade e vínculo com as paixões.

A sociedade de uma maneira geral, principalmente dentro dos círculos religiosos, é composta de julgadores inclementes e cruéis. No desejo de manifestar uma conduta cristã, utilizam-se de palavras doces e suaves para nos exortar à mudança de conduta, para não nos equivocarmos mais, todavia, esses que sugerem a mudança são os mesmos que frequentemente não nos deixam esquecer o erro cometido.

Por que eles agem assim?

O ser humano tem como tendência o desejo de colonizar a vida do seu semelhante, e a culpa é poderoso instrumento de dominação com aqueles que se sentem culpados e não se perdoam por serem humanos.

Muitas pessoas creem que não podem errar, que o fato de se equivocarem as coloca no submundo dos pecadores. Elas permanecem tão embotadas no porão da culpa, que não se apercebem que os seus julgadores são mancos e coxos espiritualmente.

Vamos nos valer das palavras de Jesus mais uma vez, que pode conversar conosco no meio da tempestade do remorso, dizendo:

> *Porque com o juízo com que julgardes sereis julgados, e com a medida com que tiverdes medido vos hão de medir a vós.*
>
> Mateus 7:2

Se você caiu, não se identifique com o chão, levante-se!

Toda tempestade é entre você e Deus, mais ninguém.

> *Não procure validação na opinião dos outros para reger sua vida.*

Capítulo 6

ENXERGANDO DEUS NA TEMPESTADE

E Jesus, parando, disse que o chamassem; e chamaram o cego, dizendo-lhe: 'Tem bom ânimo; levanta-te, que ele te chama.'

E ele, lançando de si a sua capa, levantou-se, e foi ter com Jesus.

E Jesus, falando, disse-lhe: 'Que queres que te faça'? E o cego lhe disse: 'Mestre, que eu tenha vista.'

E Jesus lhe disse: 'Vai, a tua fé te salvou.' E logo viu, e seguiu a Jesus pelo caminho.

Marcos 10:49-52

As tempestades costumam dificultar a nossa visão quando estamos atravessando as horas de dor.

Muita gente vê, mas não enxerga, ouve, mas não escuta.

As tempestades não podem ser terceirizadas, as dores não podem ser transferidas. Luto não se transfere; no final de uma relação não há como passar procuração, para que alguém nos represente no momento da despedida.

Somos nós que devemos assumir a parte que nos cabe nas tempestades que criamos.

A epígrafe que inicia este capítulo menciona Bartimeu, que era cego, mas quando soube que Jesus passaria por Jericó não se fez de rogado e se colocou a postos à espera do Cristo. A limitação da visão não lhe desestimulou a buscar o encontro com Jesus. Parecia que ele já enxergava o Nazareno pelos olhos do coração; a lente da fé lhe fazia antever o porto seguro na tempestade da sua indigência e limitação física. Ele dizia a si mesmo: "ele vai passar por aqui, e eu vou gritar bem alto por sua compaixão". E assim se deu, o cego de Jericó gritou pedindo ajuda ao filho de Davi, que Ele tivesse misericórdia da sua situação.

O evangelista Marcos narra que Bartimeu abandonou a capa, quando foi chamado por Jesus. Talvez a capa do vitimismo lhe fosse demasiadamente pesada, possivelmente a capa fosse o retrato de um personagem representado por Bartimeu até então.

> *No desenrolar de nossas tempestades precisamos encher os pulmões e gritar:*
> *JESUS, FILHO DE DAVI, TEM MISERICÓRDIA DE MIM!*

Ele vai ouvir, e ao enxergarmos o Cristo pelos olhos do coração, a venda que cobre os nossos olhos será retirada, e então veremos a graça de Deus.

Capítulo 7

TRIGOS DE DEUS

Digo-lhes verdadeiramente que, se o grão de trigo não cair na terra e não morrer, dará muito fruto.

João 12:24

O grão precisa morrer para que se dê a vida, sem sua morte a germinação da vida não acontece.

Em algumas situações, nós nos afastamos do propósito de Deus, iludidos na senda das facilidades, ou mergulhados no mundo das sensações. O homem, quando chafurdado no prazer, experimenta certo entorpecimento da razão, e sua lucidez perde-se pelo caminho.

Cada filho de Deus, entretanto, carrega em si, por sua condição de filho de Deus, as potências da alma.

Podemos contar as sementes da maçã, mas não conseguimos mensurar quantas macieiras podem germinar de uma semente de maçã.

Assim é o espírito, que muitas vezes morre engalfinhado em seus desejos e precisa "morrer" pela dor, que o irá despertar para a razão principal da vida.

Se dentro da semente da laranja existe um laranjal, o que existe no espírito imortal, filho de Deus Pai?

As tempestades cumprem um papel – a função do despertador que dispara o som da dor.

O espírito precisa viver suas experiências empíricas, ou seja, sentir a reverberação do sofrimento e, a partir dessa vivência, brotar feito o grão lançado ao solo. É fundamental que o aprendiz entenda que necessita morrer para suas vontades, de modo que prevaleça a vontade soberana de Deus.

É imperioso ao espírito, enquanto "grão", quebrar a casca do orgulho e se fazer humilde, de modo que o grande semeador da vida ocupe espaços em sua alma.

Nada alegra mais um pai do que o filho que retorna ao seu regaço, ao seu colo.

O homem carece compreender que deve buscar viver um processo de intimidade com Deus. Depositar aos pés d'Ele todas as suas angústias e inquietações.

Recalcitrar na revolta sem sentido, como se não tivéssemos grande parcela de responsabilidade sobre o que nos ocorre é manifestar um comportamento infantil, fazendo "birra" diante das lições e aprendizados oferecidos pela misericórdia divina.

Paulo de Tarso, em sua carta aos Filipenses, tomado de consciência e maturidade espiritual, afirma:

> *Porque para mim o viver é Cristo, e o morrer é ganho.*
>
> Filipenses 1:21

Ele precisou morrer como doutor da lei, ver atirado ao solo seu orgulho israelita enquanto Saulo, e na tempestade de seus remorsos e dores "nascer" Paulo de Tarso.

O grão Saulo caiu ao chão às portas de Damasco e ergueu-se germinado espiritualmente.

> *E ele, tremendo e atônito, disse: 'Senhor, que queres que eu faça'? E disse-lhe o Senhor: 'Levanta-te, e entra na cidade, e lá te será dito o que te convém fazer.'*
>
> Atos 9:6

> ## *Somos grãos em processo evolutivo, trigos de Deus em vias de nos tornarmos pão espiritual.*

Capítulo 8

A PALAVRA DE DEUS É ALIMENTO

Quando as tuas palavras foram encontradas, eu as comi; elas são a minha alegria e o meu júbilo, pois pertenço a ti, SENHOR Deus dos Exércitos.

Jeremias 15:16

Jeremias sabia que a nossa fome espiritual precisa ser saciada para o enfrentamento das tempestades.

Para toda travessia é necessário planejamento e preparo. Apesar disso, batalhas surgem de repente nos desafiando assustadoramente.

Quando os recursos humanos não resolvem, quando a tecnologia com suas IAs (Inteligências Artificiais) não traz completude ao vazio de nossas almas, precisamos nos valer da IE (Inteligência Espiritual), dobrar espiritualmente os joelhos e nos entregar à oração, à procura pelo pão espiritual.

Jeremias estava enfrentando tempestades, mas ao encontrar a palavra de Deus e a digerir, ávido que estava, desnutrido de esperança, esquálido em suas lutas, nutriu-se do amor do Pai.

Estamos famintos espiritualmente, enfraquecidos, despreparados para a batalha espiritual que assola o mundo. De um lado as forças virulentas da mentira e do desvalor, do outro lado o Evangelho de Jesus, a alimentar as almas e a dar sustentação nos momentos em que a embarcação da vida ameaça soçobrar.

Precisamos nos alimentar, e o amor de Jesus é o pão espiritual. Sua palavra nos condiciona a perseverar nos embates do mundo, não para nos tornar virulentos e munidos de ódio, pelo contrário, a mensagem de Jesus é o nosso escudo – para não pagarmos o mal com o mal, mas sim, enfrentar o mal com o bem.

O Evangelho não forma gladiadores, mas pacificadores segundo a misericórdia de Deus.

> *A palavra de Jesus revelada nos capacita a ouvir a voz de Deus nas tempestades da vida.*

Sendo agora revelada pela manifestação de nosso Salvador, Cristo Jesus. Ele tornou inoperante a morte e trouxe à luz e a imortalidade por meio do evangelho.

2 Timóteo 1:10

Quando seus joelhos ameaçarem dobrar sobre o peso das lutas, alimente-se da palavra de Deus pela boca do coração. Porque Jeremias se nutriu da palavra de Deus, o Senhor se manifestou por suas palavras. Coração nutrido no Senhor, vida protegida no mundo.

Capítulo 9

FÉ E TEMPESTADE

E disse: Nu saí do ventre de minha mãe e nu tornarei para lá; o Senhor o deu, e o Senhor o tomou: bendito seja o nome do Senhor.
Em tudo isto Jó não pecou, nem atribuiu a Deus falta alguma.

Jó 1:21-22

A fé não nasce do nada, mas germina e cresce da compreensão de tudo o que existe, pois nada existe por acaso.

À vista disso, precisamos compreender que tudo que nos acontece, embora tenhamos o livre-arbítrio, está dentro de um programa que atende ao propósito de Deus.

Da mesma forma que crianças na compreensão espiritual da vida, aprendizes rebeldes, que em tudo anseiam ver seus desejos atendidos, nós nos movimentamos na dinâmica da vida feito bebês dentro de um cercado de proteção.

Temos um campo de ação, em que erramos e acertamos; nada obstante, tudo que realizamos tem o olhar atento de Deus. Ele não nos observa o tempo todo, com o fim de corrigir tudo que fazemos, pois Ele é a inteligência suprema, visto que a nossa movimentação se dá dentro de Suas leis. Portanto, nada escapa à Sua justiça, bondade e magnanimidade.

Nos momentos em que experimentamos a queda, ou algo nos é tirado, resultando no ruir de nossas esperanças, levando-nos à ideia de que tudo está perdido, precisamos manter a fé.

E essa fé não é tola, nem destituída de raciocínio, pois de acordo com o que dissemos antes, nós nos movimentamos dentro das leis amorosas e universais, que regem, respondem pelo nosso processo de aprendizado e evolução.

E no Livro de Jó, em o *Velho Testamento*, podemos fortalecer a nossa fé por meio da exemplificação desse personagem que não caiu em desespero, embora tudo houvesse perdido.

Existem ciclos de suposta perda em todas as instâncias: perdas afetivas, perdas materiais. Mas, o que de fato perdemos, se nada possuímos, dado que tudo nos é emprestado?

Esse era o olhar de Jó, o sentir de alguém que tinha fé e experimentava em sua alma o entendimento de que se movia dentro de um espaço de vida, no qual Deus exerce total controle.

A despeito do que a vida lhe tenha subtraído, ou supostamente tenha sido alguém o agente de seu prejuízo, é importante se indagar: o que eu possuo de fato em minha passagem pelo mundo?

Deus é pai de amor e abundância para seus filhos, e cada um de nós está situado em um contexto e necessita desse ciclo de aprendizado.

Jó "perdeu" tudo, menos o entendimento de que era um filho amado por Deus, e, sendo assim, o infortúnio momentâneo, se bem suportado, representava prenúncio de um ciclo mais próspero.

A prosperidade de Deus é riqueza espiritual, a prosperidade humana são haveres materiais.

A criança precisa ir à escola, mas não tem consciência que assistir às aulas é um investimento na construção do seu saber.

O homem não está em férias neste mundo, e com frequência confunde a vida com uma grande estação de gozo. Então, os ciclos de escassez experimentados são convites de Deus para a valoração da nossa conexão com o sagrado.

> *Quantos homens abandonam a vida pela porta falsa do suicídio por terem vivido a abundância material, mas não conseguirem administrar o período de privação?*

O que Deus quer nos ensinar é que tudo nos está emprestado, e que o grande tesouro para travessia da vida é o amor. E a fé é filha dileta que nos liga ao coração de Deus.

O salmista fala-nos acerca da fidelidade a Deus, e ser leal é algo caro ao coração do Pai.

> *Quanto aos fiéis que há na Terra, eles é que são os notáveis em quem está todo o meu prazer.*
>
> Salmos 16:3

Deus regozija-se com a nossa fidelidade nos tempos de provação, pois Ele nos deu e Ele pode nos tirar.

Bendito seja o nome do Senhor, que prova e tira, de modo que possamos aprender que temos apenas o amor a nos fortalecer na prática da fé nos instantes mais dolorosos.

Reconhecemos que ainda somos seres limitados, apesar disso, procuramos dar o melhor aos nossos filhos. É na relação direta com eles, que temos as oportunidades de aprender sobre o amor de Deus por nós.

A fé é abrigo na hora da tempestade; se tivermos paciência e esperarmos em Deus, confiando n'Ele, é pela língua da fé que Ele falará conosco.

Capítulo 10

INVESTIMENTO DE DEUS

Antes que te formasse no ventre te conheci, e antes que saísses da madre, te santifiquei; às nações te dei por profeta.

Jeremias 1:5

Você, alguma vez, parou para refletir na condição do grande investimento de Deus em sua vida? Ele já te conhecia em espírito bem antes de você retornar à vida na Terra. Antes do corpo ser concebido preexistia uma logística divina de forma que o seu propósito no mundo seja realizado.

O grupo familiar no qual você nasceu, o contexto relacional em que seu programa evolutivo deve ser cumprido, tudo foi pensado tendo por objetivo o êxito do seu progresso espiritual.

É similar ao pai, que oferece todas as condições ao seu filho quando ele começa sua vida escolar.

Assim, as leis de Deus agem sobre as nossas vidas.

Fomos santificados por Deus Pai, para enfrentarmos as lutas e adversidades em nossa passagem por este mundo. E essa santificação não tem relação com isolamento ou exílio perante as provas da vida.

Estar santificado é estar apto a crescer, a evoluir espiritualmente nas refregas da existência.

A santificação reside no DNA divino que nos caracteriza a filiação ao espírito de Deus.

Muitas pessoas se ressentem, demorando-se em queixas e lamentações quanto às condições que experimentam em suas vidas. A família não é a adequada, dizem uns, tenho traumas de infância, afirmam outros...

A cada um são dadas as condições necessárias ao crescimento justo e ao aprendizado necessário.

Deus conhece-nos em essência, longe dos personagens que representamos no palco do mundo. Portanto, Ele sabe que podemos alcançar a maturidade ao deixarmos de terceirizar nossos sofrimentos e dificuldades.

Somos filhos da inteligência suprema do universo; temos potências latentes em nossa alma e devemos nos apropriar dessa condição real.

Herança de Deus para todos os seus filhos.

> **O *ditado popular que afirma:* 'Deus dá o frio conforme o cobertor' adequa-se às nossas lutas no mundo.**

Deus dá as tempestades de acordo com nossa capacidade de enfrentá-las.

O próprio Jesus defrontou tempestades de ignorância para apregoar e exemplificar seu Evangelho, e independentemente de quem decida por seguir seus passos deve compreender, que o horizonte da escolha de seguir o Mestre Nazareno pode ficar plúmbeo à medida que se avança mar adentro.

Não desanime!

Forje seu espírito erguendo a cabeça sem desistir nem desanimar.

O céu rugirá em trovões e relâmpagos, a solidão visitará você em muitos momentos, os joelhos vão se dobrar, mas onde Deus põe a Sua mão amorosa a vida se renova.

Creia, Ele investe em sua vida!

Capítulo 11

TEMPESTADES SÃO PASSAGEIRAS

Pois os olhos do Senhor estão atentos sobre toda Terra para fortalecer aqueles que lhe dedicam totalmente o coração [...].

2 Crônicas 16:9

Tempestades não são moradias, são ciclos de passagem.

É na tempestade que se ouve a voz de Deus, é na tempestade que o "milagre" acontece. São as provas que despertam o espírito de coração endurecido, aquele que recalcitra, que mora na revolta.

Na maioria das vezes, a cegueira é proporcional ao orgulho que o homem exibe, quando se acredita vítima das lutas que enfrenta. Então, a necessidade de esvaziar o coração das "verdades" que alimenta em relação à vida.

É importante lembrar que o nosso olhar para o mundo está diretamente ligado aos nossos filtros traumáticos. Não raras vezes, vemos nos outros o que projetamos neles.

E isso diz respeito à nossa condição espiritual e pode ser agravada com os traumas experimentados na infância e na adolescência, fruto de processos educativos desrespeitosos e castradores.

E é com esse nível de miopia psíquica que julgamos e condenamos, excluímos ou acolhemos as pessoas consoante os nossos julgamentos, conceitos e preconceitos. Precisamos nos esvaziar interiormente dessa realidade obliterativa, renovando e ressignificando nosso jeito de ver o mundo e as pessoas.

Nada fazemos sozinhos, nada podemos realizar se não tivermos o concurso de alguém.

A solitude pode ser saudável muitas vezes, e a maturidade de quem vive sozinho determina essa postura, todavia, na condição de seres gregários e colaborativos necessitamos partilhar das experiências humanas, sem as quais não evoluímos.

É nesse esvaziamento interior que se abrem os espaços na alma de forma que Deus possa ocupar os vazios existenciais. Ao dedicarmos honestamente nosso coração totalmente a Deus, Ele nos faz experimentar a completude que o mundo não oferece.

Se os olhos d'Ele estão por toda a Terra, é certo que esse olhar também se debruça sobre a nossa paisagem interior.

É no silêncio das nossas supostas verdades, que podemos receber a verdade do sagrado, na comunhão com Deus.

Os olhos do Pai estão sobre nós a nos fortalecer nas tempestades mais difíceis.

Essa realidade será cada vez mais perceptível à medida que nos esforçarmos para ter olhos de compaixão julgando menos as pessoas. Ter um discurso mais indulgente com os enganos alheios, muitas vezes, crimes imperdoáveis, sob a nossa perspectiva. Carecemos de ser mais rigorosos com nossas ações, e mais caridosos com a vida alheia, que na verdade, não nos diz respeito.

> *Os olhos de Deus se expressam pelas leis que regem a vida de todas as criaturas, nada escapa a esse olhar.*

Conforme dedicarmos nossos sentimentos e pensamentos ao Pai Celestial mais fortalecidos estaremos e, por consequência, habilitados a superar as tempestades.

Capítulo 12

A PRISÃO DO MEDO

Mas agora, em Cristo Jesus, vocês, que antes estavam longe, foram aproximados mediante o sangue de Cristo.

Efésios 2:13

O medo é filho da ignorância e uma prisão poderosa.

A lei de Talião foi por muitos séculos a medida empregada pelos homens para acertar suas diferenças. Toda a humanidade caminhava de coração obscurecido pelo medo e pela culpa.

Já escrevi outras vezes que não existe instrumento de manipulação mais eficiente do que a culpa. Essa ferramenta cruel, dentro das relações humanas, serve de arma de tortura em que as mentes narcisistas e dominadoras se comprazem.

Era preciso que viesse ao mundo alguém que instituísse um tempo novo nas instâncias relacionais humanas, e felizmente isso aconteceu.

> *Porque o Filho do homem virá na glória de seu Pai, com os seus anjos; e então dará a cada um segundo as suas obras.*
>
> Mateus 16:27

Jesus instaurou a era da responsabilidade, pondo fim ao domínio da culpa. Por sua vez, os homens não conseguem viver sem que busquem colonizar uns aos outros.

O amor do Cristo nos uniu, nos ligou uns aos outros, não foi o sangue D'ele, mas seu amor que propôs a alforria pelo perdão. Essa proposta é tão revolucionária, que passados mais de dois mil anos os homens ainda não conseguem compreender que o ódio nos aprisiona aos inimigos, e que o amor nos libera.

A ignorância e o medo seguem fazendo prisioneiros, pois os próprios religiosos agem tais quais escravocratas da psique humana e do coração humano.

> *A 'teologia da culpa' escraviza, manipula e encarcera em neuroses obsessivas as mentes infantis, que não conhecem o evangelho do perdão.*

Em Cristo Jesus, nós podemos nos aproximar e nos libertar, pois a cada um é dado conforme suas próprias obras. Portanto, a lei de amor que rege a vida nos diz: não existem culpados, porém todos são responsáveis por suas obras.

A vida se assemelha a um grande canteiro de obras, onde todos somos operários convidados a empreender as grandes construções da alma. A maioria, porém, edifica a própria cela mental aprisionando-se voluntariamente a pensamentos neurotizantes.

Precisamos aprender que o passado não é moradia, e que tudo e todos mudam.

Escolher o passado para morar é paralisar a vida.

É como uma tempestade sem fim, e nesse caso cria-se uma barreira de difícil transposição para se ouvir a voz de Deus.

O Pai Celestial fala com seus filhos, mas não grita para romper a surdez voluntária na qual muitos se aprisionam.

Para se ouvir a voz de Deus é necessário reconhecer a própria filiação, e abrir a "boca da alma" para os ouvidos divinos.

Deus fala, mas não berra.

Deus ajuda a quem pede auxílio.

Deus socorre, contudo, é preciso estender os braços em Sua direção.

A família dos espíritos, filhos de Deus, estava separada, mas o amor do Cristo nos uniu.

Capítulo 13

SENTIDO DA VIDA

[...] Ninguém é capaz de entender o que se faz debaixo do sol. Por mais que se esforce para descobrir o sentido das coisas, o homem não o encontrará. O sábio pode afirmar que entende, mas, na realidade, não o consegue encontrar.

Eclesiastes 8:17

Nos momentos em que as grandes tempestades visitam o coração do homem, as dúvidas quanto ao sentido da vida são inúmeras.

De repente, a vida perde o sentido porque o ser amado partiu.

Em instantes, a enfermidade joga no abismo das incertezas todos os sonhos sob os quais a existência parecia se movimentar.

O afeto que se esquiva do compromisso assumido; o emprego, antes promissor, agora a desilusão demissional.

As tempestades interiores nascem das lutas exteriores e das supostas "certezas" alimentadas. Já escrevemos e falamos, que de permanente na vida apenas a sua impermanência.

Crimes são cometidos e suicídios são perpetrados, em situações em que a fundamentação da vida de um ser humano está nas conquistas e realizações materiais.

Existe uma sede em nós, uma fome, uma inquietação que não pode ser aplacada por um carro novo, ou pela aquisição de nova moradia. A completude do espírito é proporcional à serenidade e à paz vivenciadas.

Paulo de Tarso viveu ciclos tempestuosos na defesa da lei mosaica, mas ao conhecer Jesus ergueu a vela da fé e transportou-se para novo estado de consciência. E essa nova condição permitiu a ele o desenvolvimento de poderoso lastro espiritual, o que lhe garantiu sabedoria e força para superar as tempestades exteriores.

No coração a paz do Cristo, na palavra a robustez da fé, nas ações o homem novo revelado.

> *Fui crucificado com Cristo. Assim, já não sou eu quem vive, mas Cristo vive em mim. A vida que agora vivo no corpo, vivo-a pela fé no filho de Deus, que me amou e se entregou por mim.*
>
> Gálatas 2:20

A frase de Paulo de Tarso em sua epístola aos Gálatas é a expressão de quem descobriu o roteiro para superar as tempestades. Perante as dúvidas que lhe assomaram o coração, ele ouviu a voz de Deus.

Talvez você esteja vivendo um momento de profundas dúvidas e falta de sentido à sua vida, mas pare e reflita. São esses momentos que partejam o nascimento de um tempo novo, se tivermos paciência.

Paulo de Tarso não viveu um processo miraculoso, antes uma gestação desenvolvida em sua humanidade frágil. As Escrituras falam-nos de seres humanos que buscaram a conexão com Deus, não de super-heróis que promoviam espetáculos mágicos.

O apóstolo dos gentios chorou muitas vezes, amargurou-se e teve dúvidas. Não conseguia entender muitas coisas, mas aceitou o que não entendia sem deixar de lutar.

Nem ele, nem eu, nem você – dispomos de toda ciência para explicar a vida, mas isso não deve nos impedir de prosseguir e granjear vida nova.

> *Não alcançamos tudo que ocorre debaixo do sol, mas nada acontece sem a permissão de Deus.*

Na dúvida, siga lutando.

Capítulo 14

TEMPESTADES NO CORAÇÃO

Acima de tudo, guarde o seu coração, pois dele depende toda sua vida.

Provérbios 4:23

Vivemos a tempestade ou a bonança consoante o que alimentamos em nosso coração.

Jesus afirmava que o reino de Deus está dentro de nós, o inferno também.

O ressentimento é como retornar ao local em que somos aprisionados por nossas angústias. Ressentir-se é ingerir reiteradas vezes o fel e o amargor de uma circunstância na qual fomos feridos.

Vale a pena nos indagar se esse ressentimento é fruto da nossa vaidade e orgulho ferido. Até que ponto sou responsável pela dor que me aflige por tomar para mim a peçonha alheia?

O orgulho pode potencializar o veneno inoculado pela perturbação alheia.

O interlocutor vomita seu inferno interior em uma discussão qualquer, e o que fazemos dessa regurgitação de ódio? Acolhemos em nosso coração pelas portas do melindre infantil.

Nosso orgulho pede o revide, o reparo, o ressarcimento e o reconhecimento de que sofremos uma injustiça.

Qual o sentido disso?

É desse duelo de egos inflados, mais o nosso orgulho ferido que nasce o ressentimento.

Moramos no que pensamos, e muitas vezes elaboramos criativamente um inferno de suposições para viver.

> *Raça de víboras, como podem vocês, que são maus, dizer coisas boas? Pois a boca fala do que está cheio o coração.*
>
> Mateus 12:34

A boca fala do que está cheio o coração, os corações tempestuosos expelem os tufões das tempestades interiores. Por isso, é preciso guardar o coração, porque nossa vida depende da serenidade experimentada nele. É pelas portas do coração que as brechas se abrem, e as influências espirituais sombrias buscam preencher os espaços vazios da nossa invigilância.

Foi nos ensinado que seres espirituais influenciam os nossos pensamentos, segundo o que cultivamos na mente e no coração. Assim sendo, é essencial cuidar, a fim de que o mundo das suposições fantasiosas não crie enredo para tempestades, que podem prenunciar crimes.

> *Assim diz o Senhor dos Exércitos: 'Não ouçam o que os profetas estão profetizando para vocês; eles os enchem de falsas esperanças. Falam de visões inventadas por eles mesmos, e que não vêm da boca do Senhor'.*
>
> Jeremias 23:16

Guardar o coração significa se proteger dos contágios emocionais e espirituais que nos iludem, pois com frequência há aqueles que dizem o que de fato desejamos ouvir, com a intenção de ganhar ascendência sobre nossa vida. Cuidado!

> *É no coração que se manifestam as grandes tempestades a arrojarem o homem nas distonias emocionais e espirituais.*

Então, guarde-o em paz, de modo que o mal não aconteça.

Capítulo 15

OUVINDO DEUS EM CASA

Quando ouviu falar de Jesus, chegou por trás dele, no meio da multidão, e tocou em seu manto, porque pensava: 'Se eu tão somente tocar em seu manto, ficarei curada'.

Marcos 5:27-28

A multidão dos sofredores e desesperançados procura tocar o manto de Jesus, como o fez a mulher hemorroíssa, séculos atrás.

No culto às práticas exteriores, o doce Rabi Galileu é procurado dia a dia. O homem acredita que o Cristo se manifestará com sua túnica alvinitente, cabelo à moda nazarena e portando os traços que as narrativas bíblicas nos apresentam.

Jesus é procurado nos altares, nos templos de pedra para mitigar as tempestades das criaturas humanas.

Quando a dor se nos apresenta, fazendo nosso coração sangrar, o desespero cresce, então, descobrimos que não importa o credo, o que queremos é estancar a hemorragia de lágrimas.

Um pai com um filho doente, uma filha no leito de morte de sua mãe, o diagnóstico de enfermidade degenerativa e tantas outras dores nos levam à busca desenfreada pelo auxílio anelado. Não obstante, não nos damos conta de que o Evangelho nos apresenta as mais variadas orientações para a superação do período tempestuoso.

E as palavras que podem nos levar à graça ansiada foram proferidas pelo próprio Jesus:

> 'Porque tive fome, e não me destes de comer; tive sede, e não me destes de beber;
>
> Sendo estrangeiro, não me recolhestes; estando nu, não me vestistes; e enfermo, e na prisão, não me visitastes.'
>
> Então eles também lhe responderão, dizendo: 'Senhor, quando te vimos com fome, ou

*com sede, ou estrangeiro, ou nu, ou enfermo,
ou na prisão, e não te servimos'?*

*Então lhes responderá, dizendo: 'Em verda-
de vos digo que, quando a um destes pequeninos o não fizestes, não o fizestes a mim'.*

Mateus 25:42-45

> ## O manto de Jesus a ser tocado está em nossos lares, é lá que Ele se manifesta.

Ao tomar a palavra do Evangelho de forma lite-ral, como a única expressão para a experiência com o Cristo, nós nos afastamos da essência da mensagem. É possível que em nosso lar Jesus esteja com fome e sede de compreensão, pela falta de diálogo com alguém. A indiferença nas relações familiares pode tornar a esposa ou esposo, filhos e filhas estrangeiros em seu próprio lar.

Jesus pode estar nu de afeto em sua sala, enfermo de atenção, prisioneiro de angústias e adoecido pe-las mágoas. É nas pessoas com as quais convivemos, os pequeninos da família, que Ele se mostra e pede auxílio.

A orla do manto do Cristo está mais próxima do que possamos imaginar, longe dos templos, mas do nosso lado, no sofá da nossa casa. As tempestades também ocorrem entre as paredes de um lar, e Deus pode ser ouvido através da voz de quem se predispõe a amar os pequeninos do ambiente doméstico.

Você pode ser o ouvido, e a voz de Deus para quem enfrenta um mar tempestuoso. Chegue por trás e toque o manto do coração de quem experimenta hemorragia de lágrimas.

O amor, a escuta e a compreensão irão estancar o sangramento do pequenino de Jesus.

Capítulo 16

GRATIDÃO E TEMPESTADE

Jesus perguntou: 'Não foram purificados todos os dez? Onde estão os outros nove? Não se achou nenhum que voltasse e desse louvor a Deus, a não ser este estrangeiro?' Então ele lhe disse: 'Levante-se e vá, a sua fé o salvou'.

Lucas 17:17-19

Você já percebeu que costumamos prestar mais atenção no que não temos, do que nas coisas que possuímos?

A fuga espetacular de dentro de nós mesmos para o mergulho no mar das ilusões do mundo nos leva à não manifestação de gratidão por tudo aquilo que já conquistamos.

> *É como se uma sede constante nos visitasse; conquistamos algo e passado pouco tempo nosso olhar se volta para outro desejo, muitas vezes algo de que não necessitamos.*

São esses comportamentos que facilitam a instauração das grandes tempestades na alma. A princípio, um desejo que vai crescendo, e que após certo tempo transforma-se em uma obsessão.

E se pessoas ao nosso redor conquistam o objeto anelado por nós, pronto! Temos motivos "de sobra" para nos sentirmos insuficientes dentro daquilo que a moda do momento exige.

São lacunas na alma, ausência de sentido na vida, falta de gratidão.

A prática dessa virtude, a gratidão, acomoda-nos interiormente, não como forma de conduta de resignação paralisante, mas para um estado de consciência quanto à necessidade de aprendermos a atender às demandas espirituais.

Ao alicerçar a vida no mundo exterior, o homem corre o risco de mergulhar em dolorosos processos de angústia. E é nessa insaciedade que a grande sede se instaura no coração e na mente humana, a ansiedade.

Eu preciso ter, necessito conquistar, todos têm, preciso ter para ser.

Ledo engano, ilusão infantil, vazio existencial.

O ser não precisa ter, para se justificar como alguém que tenha valor e possa experimentar momentos de felicidade.

Desenvolver a prática da gratidão arrefecerá a ansiedade que assola os corações invigilantes.

Nada contra as conquistas materiais, desde que elas não sirvam para me validar como ser humano.

A sociedade moderna estertora na tempestade do orgulho de homens que têm bens materiais, mas não são felizes por manterem suas vidas ancoradas no mar das ilusões.

Estamos dentre os nove leprosos que não se dão conta das bênçãos ofertadas por Deus, desde o instante em que acordamos pela manhã. Não guardamos um minuto sequer para buscar o alimento espiritual; nossa fome insaciável é pela inquietação do ter.

Infantilizados, nem percebemos que nada temos, nem o corpo, e que tudo nos pode ser tirado de um instante para outro. Não obstante isso seja verdade, ainda podemos corrigir o rumo de nossas preferências.

Tempo é uma questão de preferência, e precisamos ter tempo para agradecer tudo que nos está emprestado pela misericórdia Divina.

Voltemos agora ao encontro de Jesus para manifestar gratidão pela bênção da vida, antes que a tempestade cresça.

Capítulo 17

TEMPESTADES E PERSONAGENS

José é uma árvore frutífera, árvore frutífera à beira de uma fonte, cujos galhos passam por cima do muro.

Gênesis 49:22

Admitir que em algum momento sentimos inveja de alguém é algo que nosso orgulho raramente admite.

A história de José do Egito me fascina pela dinâmica da vida, que sempre dá muitas voltas.

É possível que a nossa vida tenha algumas semelhanças com a vida desse personagem, que ficou conhecido por interpretar sonhos.

Em muitas famílias, a relação entre irmão é permeada por manifestações e ciúmes e inveja, de forma similar ao ocorrido com José, um filho muito amado por seu pai. Essa amorosidade paternal incomodava profundamente os irmãos de José, que aguardaram a melhor oportunidade para se livrar do irmão. O plano foi elaborado e efetivado pelos irmãos de José, que o venderam na condição de escravo para o Egito. Desse modo, José mergulhou na mais intensa tempestade devido à inveja e ao ciúme.

Relações humanas são permeadas de ações que revelam esses sentimentos, em família ou nas instâncias profissionais.

> *Ao admitirmos nossas limitações humanas iniciamos um período de conscientização, reconhecimento que nos levará a lidar de maneira amadurecida com essa dicotomia existencial.*

O desejo das pessoas é se apresentar dentro de uma normalidade que passa longe da realidade, daí a interpretação de personagens fictícios. É da tentativa de ser normal que emergem os fantasmas, e as distonias emocionais são potencializadas.

O primeiro passo a ser dado para enfrentarmos as tempestades, como a inveja e o ciúme, é compreender que tais emoções e sentimentos fazem parte com cômputo das emoções humanas.

O grande mal que os religiosos causam ao progresso humano é tentar convencer seus seguidores a se tornarem protótipos de "santos", quando a real espiritualização de toda criatura passa por sua humanização. Eles afirmam que é preciso negar o desejo, que o desejar é coisa do diabo; não falam sobre a educação do desejo.

O demônio é instrumento de manipulação das mentes incautas, por isso ele é tão poderoso.

Quando admitimos nossa humanidade: tenho desejos, sinto inveja, fico com raiva, tenho ciúmes da minha esposa, do meu esposo, do meu filho, dos meus pertences... E quando olhamos no espelho e deixamos de projetar em nós o que o mundo quer que sejamos – nós nos libertamos dos personagens.

A vida de José deu voltas, e Deus agiu, pois em novo encontro com seus irmãos, de acordo com a narrativa, agora em posição de superioridade como administrador do faraó, ele não optou pela vingança, visto que havia perdoado sinceramente aqueles parentes que lhe causaram tanto mal. José havia florescido e seus ramos ultrapassado o muro da maldade alheia.

Muitas tempestades são criadas pela distância que nos encontramos de nós mesmos, da nossa humanidade.

Deus ouve nossa tempestade quando somos nós mesmos, não os personagens que arquitetamos para sermos aceitos pelos outros.

Capítulo 18

OUVINDO A VOZ DE DEUS

Amados, não creiam em qualquer espírito, mas examinem os espíritos para ver se eles procedem de Deus, porque muitos falsos profetas têm saído pelo mundo.

1 João 4:1

No aturdimento de nossos sofrimentos, temos grande dificuldade em perceber qual caminho a seguir, qual decisão a tomar. Levamos um tempo para assimilar as dores e desafios que nos visitam, isso é absolutamente normal. Por isso, quando as lágrimas se derramam da nossa alma qualquer tomada de decisão pode ser temerária.

Aquietar a mente, silenciar a voz do desatino são atitudes difíceis de se administrar. Nosso impulso é a pronta reação diante da dor que nos aflige. E nessas circunstâncias não faltam aqueles que trazem as soluções prontas para aliviar nosso sofrimento. Tudo bem, isso também é natural, mas igualmente perigoso, porque cada ser humano toma suas decisões conforme suas próprias experiências.

A mesma dor aflige as pessoas de forma diferente, e isso tem a ver com a capacidade cognitiva de cada um, além do seu amadurecimento espiritual. Para alguns, uma unha encravada é sentida como uma fratura exposta, para outros, é apenas um arranhão.

Não faltam receitas para resolver a vida e a dor alheia.

E no campo das relações com Deus, as falas são as mais equivocadas e diversas. Uns afirmam, aconteceu isso porque Deus quis, aconteceu aquilo porque é castigo, e as elucubrações se diversificam. Procure um benzedor, dizem outros, vá tomar um passe, alegam uns.

Deus fala conosco pela boca das suas criaturas, ou por situações que podemos interpretar na forma de coincidência, quando na verdade as coincidências são manifestações do Pai Amoroso. O mal, a seu turno, também se manifesta pela boca de pessoas mal-intencionadas e mal-influenciadas espiritualmente.

Pode-se ouvir tudo, mas é preciso estar atento a fim de identificar se o que nos é ofertado vem de Deus.

As soluções miraculosas são ilusórias e propõem alívio imediato para situações complexas.

Para identificarmos se a ajuda que nos chega vem de Deus, se é realmente Ele que fala conosco nos instantes de tempestade, devemos refletir se o que nos chega se baseia no Evangelho de Jesus.

> *Deus sempre nos ouve e fala com cada filho seu, mas é importante ter clareza, pois muitas vezes o que Ele nos pede para fazer vai frontalmente contra os nossos interesses pessoais.*

Se desejamos ouvir a voz de Deus a atender sempre aos nossos desejos, necessitamos amadurecer.

Quando nossos filhos adoecem os obrigamos a tomar o remédio amargo para lograr a cura.

É incontestável que grandes tempestades trazem dores imensas, entretanto, são elas que portam em si a transformação necessária à nossa vida.

Ouça tudo, mas desconfie de tudo, até que identifique com lucidez e razão a voz de Deus a se exprimir nos ouvidos de sua alma.

As forças que nos cabem dominar são aquelas expressas dentro do nosso limite humano. Se minha existência está fundamentada nas coisas que as traças corroem e a ferrugem consome, as tempestades irão rugir no céu das minhas escolhas.

E Deus nos ouviu em nossas tempestades, e sua voz se confundiu com nossos interesses, e, por isso, Ele não foi ouvido.

Capítulo 19

TEMPESTADE FAMILIAR

'Por isso, não tenham medo. Eu sustentarei vocês e seus filhos'. E assim os tranquilizou e lhes falou amavelmente.
Gênesis 50:21

As palavras de José a seus irmãos, sobre o futuro que os aguardava, demonstram a caridade fraternal nas relações consanguíneas, nem sempre fáceis de ser administradas. Ele que tinha sido vendido pelos irmãos, agora tinha o poder de decidir sobre a vida e a morte da parentela.

A atitude acolhedora de José não poderia ser outra, e estava alinhada à sua fé em Deus, por isso, a vida dele recebeu as bênçãos do Alto. O Senhor da vida colocou suas mãos sobre o coração e a vida de José, e mesmo diante das tentações vivenciadas nas ações da esposa do faraó, segundo a história bíblica, ele se manteve fiel a Deus. E foi essa fidelidade, durante a tempestade, que lhe trouxe a bonança de dias abençoados e prósperos.

É comum as pessoas acreditarem que devem viver de acordo com as opiniões e orientações familiares. Sob o teto de muitos lares, os confrontos e disputas se estabelecem e graves rupturas acontecem.

Há pessoas pensando que as relações familiares guardam o mesmo encantamento das fases infantis, mera ilusão. Desde a infância, o espírito vai assumindo sua personalidade real, somada ao aprendizado oferecido pelos pais no período infantil. Entretanto, à medida que se torna adulto, suas heranças evolutivas vão se espraiando em suas relações, e o indivíduo mostra-se tal qual é.

Por isso, é muito comum o atritar nas relações familiares. Contudo, o que cada um irá fazer com o resultado desses conflitos pode gerar grandes tempestades.

Podemos ouvir Deus em nossas tempestades relacionais através da vida de José, que optou pelo perdão e o cultivo da paz. José não elegeu a vingança, mesmo sendo vendido pelos próprios irmãos.

Contrariamente, ele os acolheu e entendeu a indigência espiritual de sua família.

> *Perdoar, compreender não significa ter de viver a vida dos nossos familiares, por isso, a necessidade de se estabelecer limites dentro das relações.*

Quando um dos membros da família acredita, pela sua perspectiva, que deve salvar os outros, ele deixa de viver a sua vida, para se tornar escravo dos caprichos alheios.

Amar a família é respeitar os demais membros, que eles sejam o que desejam ser, pois o aprendizado lhes pertence. A paz em família está diretamente ligada aos limites estabelecidos na convivência cotidiana.

É ilusão querer controlar a vida dos familiares, sejam eles quais forem; não é preciso dar as costas e desprezar, mas é atitude responsável cuidar do grupo novo que você constituiu ao sair da família original.

Onde existem limites, o respeito predomina, mas se as minhas decisões são tomadas em função do que meus pais ou meus irmãos pensam a nova família constituída irá ruir.

Capítulo 20

TEMPESTADES E CASAMENTO

'Ó comunidade de Israel, será que eu não posso agir com vocês como fez o oleiro'? pergunta o Senhor. 'Como barro nas mãos do oleiro, assim são vocês nas minhas mãos, ó comunidade de Israel'.

Jeremias 18:6

As tempestades modelam-nos porque as tempestades estão ínsitas nas leis amorosas de Deus.

A mulher que sofre pelo final do casamento de 30 anos e não encontra razões para prosseguir, porque o marido a enganou. Sem dúvida alguma, é muito triste uma relação de tanto tempo terminar, pois as pessoas têm a tendência a se acomodar dentro de uma rotina.

> *O ser humano almeja segurança, mas em uma vida de impermanências a segurança não existe.*

Na relação entre um homem e uma mulher existe a necessidade de uma regra constante, de modo que o amor permaneça viçoso. Dá trabalho se relacionar, dá trabalho educar. Tudo na vida, para que permaneça estável, requer cuidados.

Nenhuma relação acaba de um dia para outro.

Na perspectiva dos acomodados tudo sempre caminha bem.

Alguém largou o regador na relação, e a planta frágil pereceu.

É uma tempestade imensa para quem julgava ter o chão sob seus pés.

A condição financeira, os interesses de quem deseja sair e tomou a iniciativa, porque quis, ou se encantou com novo romance.

O fato real é que a relação já estava morta, morreu de inanição afetiva, distanciamento, emboloramento dos sonhos, anemia de interesse.

E para quem não tomou a iniciativa, o outro se torna o grande vilão, como ele(a) ousa ser feliz sem mim?

E as juras de amor que foram feitas?

E as crianças?

E o que vão dizer?

Não faltam argumentos para dar satisfação aos outros, e foi por se preocupar com os outros e pouco com a relação, que a putrefação afetiva se deu.

Impor a manutenção de uma relação em que não existe mais amor é optar por viver ao lado de um defunto.

As crianças, normalmente, são as primeiras a sentir o odor do cadáver malcheiroso da indiferença.

Essas crises de fim de ciclos relacionais ensejam mudança na vida dos envolvidos, a possibilitar o florescimento novamente.

Nos momentos de tempestade intensa, o melhor é procurar abrigo seguro, e Deus é um abrigo seguro, não a cartomante. Muita gente recorre à cartomante para descobrir quem é a(o) outra(o), porém a atitude mais sensata é procurar Deus e se indagar:

Senhor, o que essa tempestade veio me ensinar?

A maioria prefere terceirizar a responsabilidade pelo fim da relação e procurar mais tempestades na própria vida e na vida dos filhos. Tornam-se demônios a demonizar o outro, que era o grande amor da vida, mas porque não sente mais amor passou a ser o(a) desgraçado(a) que acabou com a "minha vida".

Ninguém é de ninguém, não existe escritura lavrada em cartório sobre o coração alheio.

Algumas tempestades terminam quando maduramente aprendemos a aceitar o fim dos ciclos.

Onde não existe amor, Deus não pode ser ouvido, pois o espaço por meio do qual Ele fala necessita de amorosidade.

A dor é Deus trabalhando para moldar o barro das nossas limitações.

Capítulo 21

CORRUPÇÃO EMOCIONAL E ESPIRITUAL

'Não se deixem enganar: 'As más companhias corrompem os bons costumes'.

1 Coríntios 15.33

Já escrevi uma vez que nós moramos onde pensamos, e que esses pensamentos podem se tornar uma prisão. De modo similar, o pensar é a capacidade de criar tempestades, alimentar dores e cultivar lágrimas.

O homem sempre mergulhado nas demandas mais imediatas, que lhe satisfazem os sentidos e atendem a seus desejos, dificilmente se dá conta de que transita dentro da dimensão espiritual.

O mundo material está ínsito no mundo espiritual.

Consoante o nosso caminhar ao lado daqueles com os quais nos identificamos, por similitude de pensamentos e sentimentos, somos acompanhados por espíritos que desejam nossa companhia, porque de alguma forma os vínculos fluídicos e energéticos são cultivados.

Ao alimentarmos vícios, espíritos viciosos nos utilizam, vibratoriamente, fazendo-se hospedeiros do nosso campo psíquico e energético.

Trilhar na faixa da queixa e da lamentação favorece entidades do astral inferior a nos localizar e a se acercarem dos ambientes onde transitamos. É muito comum que tais entidades atuem feito "vampiros" das nossas energias, levando-nos a experimentar cansaço recorrente, embora o descanso físico esteja normal. Pessoas mais frágeis chegam a somatizar e a reverberar sintomas e enfermidades, ainda que os exames médicos não identifiquem de onde provém a causa da enfermidade.

Não é possível dissociar as patologias físicas das emocionais, porque essas instâncias se confundem.

Para aqueles que são sensíveis, e todos os somos, em maior ou menor grau, a influência mental de entidades perturbadas confunde-se com nossos próprios pensamentos, o que torna árdua a identificação dos quadros de permuta psíquica entre os "invasores invisíveis" de nossa mente.

Não duvide que as más companhias trazem para o nosso convívio entidades perversas e perturbadas, e isso não se restringe a pessoas da rua com quem temos contato esporádico.

No próprio grupo familiar nós nos deparamos com a invigilância mental de quem amamos, e é preciso erguer barreiras psicológicas para nos proteger. Importante também é adotar hábitos saudáveis para manutenção de nosso equilíbrio psíquico e espiritual. Boa leitura, atividades físicas, meditação e prece são ações profiláticas que previnem a contaminação mental e espiritual.

Somos muitas vezes corrompidos pela falta de vigilância e cuidado com nosso aparelho psíquico e nossa estrutura espiritual.

A corrupção a que se refere Paulo de Tarso perpassa as duas dimensões, então, é imprescindível estarmos atentos, pois toda perturbação e contaminação se infiltram pelas brechas morais que damos. Acreditar que o perigo está nos outros, desencarnados ou não, é criar um álibi a nos isentar da parte que nos cabe realizar.

Antes que maiores tempestades assolem a nossa vida é relevante nos indagar:

> *Qual a parte que*
> *me cabe na*
> *circunstância que*
> *me corrompe?*

Capítulo 22

PALAVRAS QUE ALIMENTAM

Se vocês permanecerem em mim, e as minhas palavras permanecerem em vocês, pedirão o que quiserem, e será concedido.

João 15:7

As tempestades da vida nos causam medo, e é natural que seja assim, porém temos as palavras de Jesus a sustentar o nosso transitar em meio às lutas humanas.

O próprio Cristo nos ensinou como devemos orar ao Pai.

A oração é a presença de Jesus na embarcação da nossa vida.

E foi isso que aconteceu em uma das passagens mais marcantes do Evangelho.

Logo em seguida, Jesus insistiu com os discípulos para que entrassem no barco e fossem adiante dele para o outro lado, enquanto ele despedia a multidão.

Mateus 14.22

E durante a travessia para a outra margem, uma tempestade agitou o mar, e a embarcação parecia soçobrar.

Tal como acontece em nossas vidas, alguns problemas parecem trazer o naufrágio eminente. Nós somos parecidos com os apóstolos, o medo nos invade nas horas incertas, nossa fé é diminuta e tememos o naufrágio eminente.

Na passagem do Evangelho, os apóstolos despertaram o Cristo que dormia, então ele repreendeu o mar e os ventos, e tudo se acalmou.

Em nossa vida cotidiana, o mar das incertezas avoluma-se pela nossa mente invigilante, pelas criações mentais a potencializarem as tempestades, que não deveriam nos assustar.

> *Jesus está no leme do barco, e nós precisamos erguer as velas da fé para aproveitar o vento e mudar a direção de nossa vida.*

Tempestades renovam o ar, mudam a direção do vento; precisamos corrigir o rumo da vida pelo leme das escolhas mais saudáveis, mais verdadeiras. Seguidamente, a vida sopra ventos mais brandos, nossa incúria, no entanto, nos mantém presos a situações que irão nos arrojar nos rochedos da dor.

O Evangelho é a carta náutica para uma navegação segura, mesmo que o mar se agigante. Ele é o roteiro, o guia no meio da noite escura.

A prece é o caminho da conexão, enfrentemos tempestades, ou estejamos em tempos de calmaria.

Precisamos ter a coragem da travessia, de passarmos para a outra margem, a margem do bem e da paz, do desapego e do amor.

Um velho marinheiro viu seu barco sucumbir e afundar diante da tempestade e o mar agitado em vagalhões. Ele contemplava à sua volta a imensidão do mar, e o pequeno bote era movimentado por velas delicadas e frágeis, que ele mesmo improvisara. Experiente, ele observava sua posição no mar pelas estrelas no firmamento. Ele temia por sua vida, pois não tinha alimentos, carregava apenas um cantil com água.

De qualquer forma ele agradecia, pois diante daquela adversidade, um vento brando levava o barco para uma direção, que ele acreditava ser a mais correta rumo ao continente. Naquele momento, o sol estava a pino, deveria ser meio-dia, concluiu o velho marinheiro.

O vento parou por horas.

Desanimado, o homem fez uma oração ao Senhor do céu e dos mares. Ele, então, pareceu ouvir uma voz dentro de sua cabeça a lhe dizer: "Marujo, quando não houver vento, 'reme'!"

Ele não havia se dado conta, que devido à comodidade do vento a favor, se esquecera dos remos. Com confiança, pegou os dois remos, um de nome coragem, o outro chamado confiança e, de fé renovada, passou a remar, no que foi salvo, pois após certo tempo uma embarcação pesqueira que passava ao seu lado o resgatou da circunstância difícil.

Se as palavras do Cristo permanecerem em nós não nos faltará o vento da fé, para cruzarmos o mar tempestuoso da vida na Terra.

A vida passa, os ciclos se sucedem, alguns bons, outros desafiadores, mas as palavras de Jesus são o alimento para nosso espírito.

Capítulo 23

TEMPESTADES E FÉ

Quando Jesus ia saindo, um homem correu em sua direção e se pôs de joelhos diante dele e lhe perguntou: 'Bom Mestre, que farei para herdar a vida eterna'?

Marcos 10:17

Durante as tempestades, as dúvidas assomam em nossa mente e coração, e o medo nos invade. Discernir como proceder perante tais inquietações é ainda para nós bastante complexo.

Quando o jovem indaga a Jesus o que fazer para herdar a vida eterna, ele não esperava que a resposta do Cristo fosse de encontro aos seus interesses. A resposta do Cristo iria exigir dele uma conduta de renúncia ante seus interesses.

Verdadeiras tormentas instalam-se no coração do homem, porque deseja reter em suas mãos coisas e pessoas, que estão em desacordo com o tempo novo que ele deseja viver.

Ir à frente significa deixar algo para trás.

> *Não é possível herdar nova condição espiritual sem renunciar aos vícios e comportamentos adoecidos.*

O candidato à renovação terá de abdicar de hábitos e atitudes inadequados ao perfil do homem novo que ele deseja ser.

Ao indagar Jesus sobre os nossos desejos, essencial se faz compreender que a resposta d'Ele pode confrontar nossos maiores interesses.

Capítulo 24

TEMPESTADES E PAZ

Deixo a paz a vocês; a minha paz dou a vocês. Não a dou como o mundo a dá, não se perturbe o seu coração, nem tenham medo.

João 14:27

Nesses tempos em que a dinâmica social impõe demandas, modas e modelos comportamentais a arrojarem a criatura humana em delicados processos de adoecimento, onde encontrar a paz?

A conquista da paz está intrinsicamente ligada à maneira que escolhemos viver. Nossos hábitos diários, somados aos nossos interesses imediatos, determinam a conquista da paz em nosso mundo íntimo.

Existem pessoas vivendo em mansões luxuosas que são mendigos de paz, vivem um inferno; em favelas e palafitas espalhadas pelo Brasil, por sua vez, muitos vivem de coração pacificado.

Ao nos ocuparmos, cotidianamente, na manutenção e obtenção de riquezas, aumentamos proporcionalmente nossas preocupações em relação à manutenção do ouro adquirido.

A riqueza que gera riqueza de bem-estar para uma comunidade, na entrega ao trabalho digno, é bênção de Deus na mão de quem sabe administrar o dinheiro. A consciência de que o dinheiro é instrumento de progresso e justiça gera a paz a quem compreende os mecanismos da vida. Entretanto, os avaros são prisioneiros da ambição e têm dificuldade em experimentar a paz de Deus, a que se refere Jesus em seu Evangelho.

Como ter paz, se a mente e o coração são campos de batalha para o espírito e os desejos que corrompem a alma?

> *Então Jesus disse aos discípulos: 'Digo a verdade: Dificilmente um rico entrará no Reino dos céus.*

E digo ainda: É mais fácil passar um camelo pelo fundo de uma agulha do que um rico entrar no Reino de Deus'.

Ao ouvirem isso, os discípulos ficaram perplexos e perguntaram: 'Neste caso, quem pode ser salvo'?

Mateus 19:23-25

A prova da posse é muito delicada, pois exige daquele que é detentor da riqueza o entendimento de que tudo é passageiro, e de que tudo lhe está emprestado.

> ### *O orgulho é uma droga que embriaga os sentidos da criatura Humana, e ela se dá uma importância que é irreal.*

Havia um homem muito rico, que passou toda sua vida gastando horas intermináveis a contar sua riqueza. Um dia a doença lhe minou as forças físicas e ele experimentou dias de profundo delírio. Quem se acercava do seu leito ouvia seus gemidos de dor, confundidos com a contabilidade da riqueza que o possuíra. Então, a morte veio e lhe arrebatou a vida física.

Ao chegar na dimensão espiritual, ele passou a experimentar verdadeiro inferno, que existia somente em sua mente. Ele ouvia o ruído das moedas em um ritmo incessante, como se elas estivessem sendo contadas indefinidamente. Enlouquecido ele gritava: não aguento mais esse som dentro da minha cabeça... Preciso de paz...

A paz de Deus, o mundo não pode nos dar, mas a conquista dela começa agora no entendimento de que tudo nos está emprestado, e que a posse é uma ilusão passageira.

Essa realidade deve ser interpretada também para as relações humanas, pois não possuímos a ninguém. Não somos donos dos nossos filhos, dos nossos animais de estimação, dos nossos esposos e esposas.

Toda falta de paz é matriz geradora de tempestade.

A felicidade na Terra é a posse do necessário, tão difícil de ser assimilada e aprendida.

Capítulo 25

TEMPESTADE DO ADEUS

Sendo agora revelada pela manifestação de nosso Salvador, Cristo Jesus, ele tornou inoperante a morte e trouxe à luz a vida e a imortalidade por meio do evangelho.

2 Timóteo 1:10

A tempestade da despedida é uma das mais difíceis de ser enfrentada. De repente, o ser amado que ocupava a mesa na refeição não estará mais presente nas reuniões e almoços em família.

Como lidar com o desafio da ausência de um amor tão presente em nossa rotina de vida e coração?

Como se consegue sentir e ao mesmo tempo não ter o amor presente à nossa frente?

Em algumas tempestades, as ondas se agigantam, e o abatimento nos impedem de prosseguir, e nesse momento as águas que brotam da nossa alma parecem abarcar o oceano inteiro.

Algumas tempestades precisam de tempo para serem aplacadas, nos faltam forças, então, é preciso sentar-se e chorar, mas não se desesperar.

Na hora do adeus, só o colo de Deus.

Escapa-nos o discernimento, foge-nos a lucidez.

Desejamos algo que nos entorpeça os sentidos, para que a dor diminua, para que o pesadelo acabe.

O Evangelho de Jesus é um grande remédio para atenuar os efeitos da separação. Ele não trará o ser amado de volta, mas para aquilo que parece sem sentido é medicamento a aplacar o mar bravio, que arrebenta por dentro do nosso coração.

A tempestade provocada pela morte de quem amamos tem o outro lado, que não percebemos no momento, que é o convite para reavaliarmos e ressignificarmos a vida e os nossos valores.

A morte não mata o amor, e o Evangelho é palavra de vida.

> *Disse-lhe Jesus: 'Eu sou a ressurreição e a vida; quem crê em mim, ainda que esteja morto, viverá;*
>
> *E todo aquele que vive, e crê em mim, nunca morrerá. Crês tu isto'?*
>
> João 12:25-26

A morte tornou-se inoperante pela mensagem de vida do Evangelho, escreveu Paulo de Tarso a Timóteo.

A impermanência da vida precisa ser mais bem compreendida por todos nós, para que não percamos mais tempo com contendas e disputas desnecessárias.

A urgência da vida é o amor, essa é a única urgência para uma vida de incertezas.

Não perca tempo, perdoe.

> ## *Não desperdice a vida julgando os outros, porquanto a morte não lhe dará tempo para amá-los.*

O Cristo anuncia que somos imortais, e a experiência humana é o caminho para o reino d'Ele que não é desse mundo.

A mulher sofria inconsolavelmente a partida do marido, a dor era tanta, que lhe sondava a mente a ideia do suicídio. Foram 40 anos de casamento, juras de amor e promessas sem fim.

Como prosseguir na solidão agora? "Quem sabe a morte não me levará para perto do meu amor?" ela dizia a si mesma.

Desolada, mantinha-se à custa da ingestão de muitos remédios. Sem filhos ou qualquer outro parente, para lhe assistir em momento tão amargo, a não ser uma jovem remunerada, que lhe servia de companhia, a mulher decidiu dar cabo de sua existência física.

De maneira premeditada, ela colocou ao lado da cama uma garrafa de água, para auxiliar na ingestão das drágeas que a levariam à morte física. Em momento apropriado, quando a acompanhante deixou o quarto para jantar, ela aproveitou o instante de solidão para ingerir alta dose de medicamentos. Em pouco tempo, a mulher experimentou certo entorpecimento, e as forças físicas lhe faltaram. Perdeu a consciência para despertar no mundo espiritual alienada e chorosa.

Até que um dia, após longos anos, recebeu ajuda e socorrida foi internada em hospital do mundo espiritual. E ao recobrar a capacidade de elaborar raciocínio, indagou sobre o paradeiro do marido: "Quando poderei vê-lo? A saudade me consome".

A entidade que a atendia na função de enfermeira acariciou seus cabelos, e em um sorriso que guardava misto de ternura e amargura, respondeu:

"Acalma seu coração querida, sua atitude desesperada, sem compreender as leis naturais que regem a vida, criou um abismo entre vocês, e somente alguns séculos de aprendizado irão restaurar o tecido do amor e do respeito às leis divinas, que nos ensinam que nada está fora do amor de Deus".

> *O amor é paciente, é benigno; o amor não arde em ciúmes, não se ufana, não se ensoberbece, não se conduz inconvenientemente, não procura os seus interesses, não se exaspera, não se ressente do mal; não se alegra com a injustiça, mas regozija-se com a verdade; tudo sofre, tudo crê, tudo espera, tudo suporta.*
>
> 1 Coríntios 13:4-7

Capítulo 26

A CARIDADE COMO FAROL

Irmãos, não penso que eu mesmo já o tenha alcançado, mas uma coisa faço: esquecendo-me das coisas que ficaram para trás e avançando para as que estão adiante, prossigo para o alvo, a fim de ganhar o prêmio do chamado celestial de Deus em Cristo Jesus.

Filipenses 3:13-14

Em quantas situações nós nos perdemos no caminho da vida?

As ilusões do mundo são como brumas a dificultar nossa visão e a impedir nosso caminhar.

Mergulhados em um corpo, que apela incessantemente por sensações, nós nos embriagamos perdendo-nos nas miragens do prazer. E quanto mais gozamos, mais nos chafurdamos no atendimento aos apelos do corpo.

A questão não é negar as sensações e o deleite do prazer, mas equilibrar o mundo sensível com nossa essência espiritual.

Grande parte das criaturas humanas confunde prazer com amor. Essa linha tênue é ultrapassada constantemente e raramente respeitada. É como o viajante que passa por estrada ornamentada em sua margem por atrativos e tentações de toda ordem. A chance do motorista se perder no caminho é real.

As distrações e os chamamentos são os mais variados, o mundo acena com o entorpecimento dos sentidos e da razão.

Não obstante isso seja verdade, o desafio é manter o foco e prestar atenção no alvo.

Quando as pessoas vão ao shopping, ou ao supermercado elas se distraem a ver vitrines, perdendo-se do alvo, e muitas vezes atendendo ao apelo das sensações. Seja na praça de alimentação, ou na loja de departamentos pode-se facilmente se enredar em novas compras sem prévio planejamento. É a promoção ali, a novidade gastronômica acolá, o sapato novo mais além. Trata-se de distrações, nada que não se possa e se deva fazer, mas, às vezes, não existe necessidade, então, podemos mergulhar no consumo desnecessário.

Assim, a vida nos surpreende com suas tempestades e provas, e se evidencia um vazio existencial a arrojar o ser humano em distonias psíquicas, depressão, ansiedade e tantas angústias.

Quadros mentais que nos deprimem, como as algemas emocionais que nos atam ao passado. Daí, o conselho de Paulo de Tarso aos Filipenses: se adequar às tempestades das nossas vidas.

> *Esqueça o passado e siga em frente, para o alvo de sua vida: o amor!*

O Espírito Verdade, ao nos trazer a legenda "fora da caridade não há salvação", exorta-nos à terapêutica do serviço ao próximo como instrumento de cura para os nossos males.

O mundo é a grande escola ao nos habilitar a usar o Evangelho como embarcação segura, visando à travessia no mar bravio das dificuldades do viver.

Capítulo 27

FRAGILIDADE

Sonda-me Senhor, e prova-me, examina o meu coração e a minha mente; pois o teu amor está sempre diante de mim, e continuamente sigo a tua verdade.

Salmos 26:2-3

Somos bombardeados a todos os momentos pelos valores que o mundo vende. E, não raras vezes, nós nos sentimos fragilizados e até mesmo desesperançados tamanha a insensatez manifestada no mundo.

Experimentamos sofrimentos dolorosos perante as lutas de tantos desafios; nesse verdadeiro mar tempestuoso, constantemente, sentimos que a vida irá naufragar.

A nossa fragilidade desvela-se e se multiplica na proporção do nosso afastamento dos valores espirituais. Não se trata de viver alienado quanto às responsabilidades profissionais e familiares, antes é necessário exercitar cotidianamente a nossa relação com Deus.

Davi, no Salmo introdutório desse capítulo, pede a Deus para sondar o seu coração, que o Pai ouça sua alma aflita.

Quando desejamos ligar para alguém discamos o número correspondente e esperamos que o outro atenda.

Deus passa o todo tempo ligando para o nosso coração. Nós, no entanto, não dispomos de tempo para atender a ligação do sagrado. Não é questão de passar o tempo com discurso catequizante e fanático, mas de colocar o Senhor, cotidianamente, na agenda da nossa alma.

> *A oração, a meditação,*
> *a leitura de uma mensagem*
> *é a oportunidade de*
> *despoluir nossa mente.*

Somos assediados pelos valores que o mundo procura introduzir em nosso espírito.

É importante pedir para Deus sondar o nosso coração e ver se existe algum caminho mal alimentado pela nossa invigilância. Conceder mais espaço para Deus existir em nós representa ouvi-lo nas tempestades do viver.

Sabemos das muitas tempestades que já passamos, mesmo assim há momentos em que a força nos falta, e o desânimo toma conta do nosso coração. E é justamente na manifestação dessa fraqueza, na impermanência da vida que tanto nos assusta, na falta de controle no tocante a pessoas e fatos, que devemos nos ajoelhar espiritualmente e permitir ao Senhor da vida colocar Sua mão dadivosa sobre a nossa cabeça.

E nesse instante de imensa fragilidade devemos pedir ao Pai:

Senhor, sonda o meu coração! Carrego em mim mais ignorância do que maldade.

Acreditei que a vida e as pessoas deveriam atender às minhas expectativas, e não me dei conta de que nada existe para atender ao meu ego.

Não entendi que tudo que me acontece atende aos Teus propósitos para minha redenção.

Nessa tempestade em que me encontro, meus olhos estão turvos pelas lágrimas, não vislumbro uma saída.

Sonda o meu coração e me inspira à resignação para que eu descanse no Seu amor.

Que a morte não alcance minhas esperanças.

Que eu saiba amar e respeitar meus semelhantes e os desígnios das Suas soberanas leis.

Sonda o meu coração e me ensina a amar.

Se ainda estivermos vinculados à opinião alheia, alimentando preocupação com o que os outros vão pensar; se passarmos a nos comportar dessa ou daquela forma, dificilmente teremos condições de lograr um tempo novo.

Herdar o reino dos céus dentro do coração pede esforços ingentes contra os nossos comportamentos viciosos. Eu me refiro a nos tornar um espírito consciente com nosso papel no mundo, no sentido de sermos mais humanizados.

Adotar uma conduta madura em relação ao corpo, à mente e ao espírito.

Herdar a vida eterna é aprender a administrar essa vida passageira e perecível.

O bom Mestre fala ao nosso coração e nos confronta acerca do que efetivamente desejamos para a nossa existência.

Observamos que a questão é sempre conosco, jamais com Deus.

O desafio da vida eterna passa proporcionalmente pelo desapego à vida material. Não se trata de desleixo ou inconsequência, mas de administrar muito bem o que deve ser administrado com desvelo.

Capítulo 28

TEMPESTADES DA INSEGURANÇA

Disse-lhe Jesus: 'Em verdade te digo que, nesta mesma noite, antes que o galo cante, três vezes me negarás'.

Disse-lhe Pedro: 'Ainda que me seja mister morrer contigo, não te negarei. E todos os discípulos disseram o mesmo'.

Mateus 26:34-35

Todos sabemos que Pedro amava Jesus, assim como nós amamos. Mas, o amor se revela fiel de verdade nos momentos em que as provas chegam, e necessitamos dar testemunho do amor que afirmamos sentir.

> *Nas ocasiões em que somos visitados pelas tempestades, nosso amor por Jesus torna-se vacilante, similar ao amor de Pedro naquela madrugada.*

A pedra sobre a qual o Cristo edificaria sua igreja estava sendo forjada nas lágrimas do pescador, e era preciso que o momento do testemunho chegasse para ele.

Em nossa vida cotidiana, é muito mais fácil jurar amor e fidelidade a Jesus, quando estamos felizes e tudo caminha bem. Todavia, nos instantes em que os nossos joelhos ameaçam dobrar sob o peso das lutas nossa fé se apresenta hesitante. Nesse momento, negamos Jesus, e tal qual Pedro, nossa fé tem sido forjada nos pequenos testemunhos a que somos convocados.

Somos espíritos apequenados diante dos prazeres que o mundo vende, e nós compramos inadvertidamente.

Quando o sorriso enfeita nossos lábios somos caridosos, frequentamos o templo religioso, para todos temos uma palavra de conforto. Não obstante seja essa a realidade, quando a tempestade se abate sobre os nossos sonhos e desejos revelamos o mesmo comportamento de Pedro na noite fatídica.

E muitos que testemunham nossos discursos inflamados em tempos de alegria, indagam-nos nas provas testemunhais:

— Mas, você não conhece Jesus?

E respondemos:

— Conheço, mas não está fácil enfrentar essa tempestade!

Essa fala que mostra a nossa insegurança se assemelha à fala de Pedro em suas negativas. Cada um de nós exibe sua maturidade espiritual nas situações que nos desafiam, que testam a nossa fé. Porém, ninguém deve se envergonhar pelas quedas, hesitações e fragilidades, visto que estamos em processo de crescimento e ainda teremos muitas tempestades pela frente.

O Evangelho é o farol em meio à escuridão da madrugada dos nossos enganos, no entanto, evidencia que a madrugada está mais próxima, como prenúncio de nova manhã.

Sendo assim, não negaremos mais o Cristo, pelo contrário, desfraldaremos sua bandeira de amor e compaixão.

O centurião, personagem respeitadíssimo na sociedade da época, nos ensina sobre a fé.

Entrando Jesus em Cafarnaum, dirigiu-se a ele um centurião, pedindo-lhe ajuda.

E disse: 'Senhor, meu servo está em casa, paralítico, em terrível sofrimento'.

Jesus lhe disse: 'Eu irei curá-lo'.

Respondeu o centurião: 'Senhor, não mereço receber-te debaixo do meu teto. Mas dize apenas uma palavra, e o meu servo será curado'.

Pois eu também sou homem sujeito à autoridade, com soldados sob o meu comando. Digo a um: 'Vá', e ele vai; e a outro: 'Venha', e ele vem. Digo a meu servo: 'Faça isto', e ele faz.

Ao ouvir isso, Jesus admirou-se e disse aos que o seguiam: 'Digo-lhes a verdade: Não encontrei em Israel ninguém com tamanha fé'.

Mateus 8:5-10

Capítulo 29

O SEPULCRO DO CORAÇÃO

Depois de dizer isso, Jesus bradou em alta voz: 'Lázaro, venha para fora'!
O morto saiu, com as mãos e os pés envolvidos em faixas de linho, e o rosto envolto num pano. Disse-lhes Jesus:
'Tirem as faixas dele e deixem-no ir'.

João 11:43-45

Na prática como psicanalista, tenho falado com muita gente morta. Os mortos com os quais me deparo são aqueles que morreram emocionalmente para a vida. Os que não conseguem lidar com o fim do casamento, aqueles que lavram o próprio obituário quando recebem algum diagnóstico desafiador, os que não aceitam a demissão etc.

> *Os reveses da vida são convites preciosos para ressignificarmos nosso caminho, corrigir o rumo, alçar novos voos.*

Tem muita gente sepultada, pois o túmulo é o próprio coração.

A passagem da ressurreição de Lázaro é uma das mais impactantes do Evangelho, pois invariavelmente nos detemos na volta à vida orgânica, e isso nos causa espanto. Porém, essa volta à vida tem significados muito mais transcendentes do que voltar a comer, beber água e caminhar por aí.

E é sobre essa realidade que desejo propor a nossa reflexão.

De que adianta voltar a viver, mas se manter dentro da mesma perspectiva de vida?

De que vale a cura do corpo, se eu volto a transitar pelas mesmas estradas esburacadas do vício?

De que me serve ser recontratado pela empresa que me demitiu, se eu não me capacito para ser um funcionário melhor?

Para que retomar o casamento, se a rotina repetitiva era a da indiferença, de um casal que estava em estado de profunda letargia afetiva?

Existem sepulcros que criamos, voluntariamente, e passamos a viver, com medo das mudanças.

Existem tempestades as quais nos acostumamos por medo de ver o sol da mudança, que deve começar por nós mesmos.

Assim como Jesus pediu a Lázaro, "venha para fora", Ele também nos chama para sairmos dos túmulos que elaboramos, que têm como base nossa infância emocional de querer ser atendido em todos os desejos.

Mas, para tanto, é essencial sair do sepulcro, é preciso remover a pedra que nos sepulta, a pedra que tampa o túmulo.

A pedra da mágoa.

A pedra da ilusão.

A pedra das "verdades" que alimentamos.

A pedra imensa das projeções que idealizamos acerca das pessoas e sobre Deus.

A pedra da preguiça, do medo, da covardia.

Quando removermos as pedras, ouviremos a voz do Cristo a nos chamar:

Venha para fora! Volte a viver com plena consciência sobre a vida!

Capítulo 30

LUZES NA TEMPESTADE

Disse Deus: 'Haja luminares no firmamento do céu para separar o dia da noite. Sirvam eles de sinais para marcar estações, dias e anos, e sirvam de luminares no firmamento do céu para iluminar a terra'. E assim foi.

Gênesis 1:14-15

A narrativa do livro Gênesis sobre a palavra de Deus, que a tudo cria através do seu verbo, é emocionante.

No princípio, era o Verbo, e o Verbo estava com Deus, e o Verbo era Deus. Ele estava no princípio com Deus. Todas as coisas foram feitas por ele, e sem ele nada do que foi feito se fez.

João 1:1-3

Esse Pai que criou tudo pela palavra, usa a mesma palavra para nos chamar de filhos.

Jesus afirmava que Deus é um Pai Amoroso e Bom, e é através desse olhar, como filhos, que podemos ouvi-lo nos momentos da tempestade.

Há muitos séculos que religiosos manipuladores procuram dominar a mente das pessoas através do mecanismo da culpa. A sociedade de uma maneira geral foi se apequenando e acreditando na palavra dos sacerdotes, e dessa compreensão um abismo foi se abrindo entre Deus e seus filhos.

Mas, esse Pai quer falar ao nosso coração; o Deus que criou os luminares e o firmamento deseja nos colocar no colo do afeto. No berço do Evangelho, para acalentar as nossas dores.

O Evangelho trazido por Jesus é uma cantiga de esperança, uma brisa suave a aplacar a tempestade da incerteza, semeada pela ignorância.

O Deus que criou as estrelas também nos criou e deseja todos os dias falar ao nosso coração. Mas, para ouvi-lo, nós precisamos ignorar os chamados do mundo, cujo objetivo é nos oferecer apenas prazer e ilusão.

Não existe progresso sem tempestades, porque elas higienizam a atmosfera de nossa mente. Varrem para longe as nuvens da preguiça e da maldade.

> *Toda dor é proposta pedagógica de Deus para a edificação de um novo homem.*

Não importa a intensidade do vento, o volume das águas, Deus é nosso abrigo real e verdadeiro.

Jesus é esse luminar, Sua palavra o roteiro, Sua mensagem o guia.

Ele afirmou que não perderia nenhuma de Suas ovelhas, você e eu!

Se nesse instante a dor lhe visita, acalme-se!

Se a solidão é a companhia, não se detenha, Jesus caminhou sozinho, incompreendido. Os Seus seguidores o abandonaram na hora extrema, mas era preciso que fosse assim. Contudo, Ele segue amando, e,

Paulo de Tarso tenta nos fazer compreender o tamanho desse amor, quando afirma:

Pois o amor de Cristo nos constrange...

Coríntios 1:14

Esse amor não apenas nos convida a mudar de lugar na vida pelo "constrangimento" que nos causa, mas nos ouve nas horas de tempestade.

Capítulo 31

A AJUDA NA TEMPESTADE

E, quando saíam, encontraram um homem cireneu, chamado Simão, a quem constrangeram a levar a sua cruz.

Mateus 27:32

Muitas foram as tempestades em que nossas forças faltaram, e desalentados nós dobramos os joelhos para chorar.

Em quantos momentos experimentamos amarga solidão diante da injustiça que visitou nossos dias?

Os ataques da ignorância, sem que nos fosse concedida a oportunidade de defesa?

A maledicência a rondar nossos caminhos, e a má fama levada pela maledicência a nos expor, sem que soubéssemos do que se tratava?

São muitas as armadilhas traiçoeiras que os lobos colocaram em nosso caminho. Pés feridos, coração sangrando, mãos calejadas pelas urzes da maldade. Entretanto, não caminhávamos sozinhos, embora nos instantes mais cruciantes e sofridos.

Não nos dávamos conta, mas fomos sustentados por algum homem ou mulher, um cireneu que, certamente, nos auxiliou a carregar a nossa cruz. E foi também através de um cireneu que Deus amparou Jesus a caminho do Gólgota, porque o amor de Deus nunca desampara seus filhos.

Na palavra do esposo, no apoio da esposa, no sorriso de um filho, na palavra de um pai, é assim que Deus se expressa.

Mas, é preciso compreender que a cruz é intransferível, ela tem o nosso número, a nossa identidade, registrada pelo nosso histórico espiritual. Das boas e equivocadas ações, do trabalho no bem, da resignação e da coragem para prosseguir.

Emanamos de nós as energias e vibrações características, o nosso hálito energético, e é esse hálito que atrai amparo espiritual, ou espíritos sombrios para nossa companhia. Então, toda hora é momento de modificar nossa trajetória nesse mundo, e Jesus é o caminho, a verdade e a vida. Seu coração é a seta luminosa a apontar a direção melhor a seguir.

> *Tenho-vos dito isto, para que em mim tenhais paz; no mundo tereis aflições, mas tende bom ânimo, eu venci o mundo.*
>
> João 16:33

Vilipendiado, agredido, ironizado e crucificado, ainda assim Ele venceu o mundo.

Podemos ser incompreendidos em família, no trabalho ou no amor, tudo isso faz parte da dinâmica da vida na Terra, mas ainda assim não podemos desanimar.

O mundo a ser vencido não é o que está representado pela população planetária, muito menos pelas intempéries climáticas. O grande adversário reside em nós, em nossa realidade interior, pois é nesse espaço da alma que as batalhas se desenvolvem.

> *É em nossa casa mental que as tempestades principiam, daí a urgência de desenvolver um olhar humano e repleto de compaixão para nós mesmos.*

É necessário abandonar os modelos que o mundo valoriza e buscar a comunhão com o Cristo, pois somente Ele é capaz de ouvir e falar ao nosso coração no transcorrer das tempestades.

Capítulo 32

CALMARIA

Pedro e João olharam bem para ele e, então, Pedro disse: 'Olhe para nós'! O homem olhou para eles com atenção, esperando receber deles alguma coisa. Disse Pedro: 'Não tenho prata nem ouro, mas o que tenho, isto lhe dou. Em nome de Jesus Cristo, o Nazareno, ande'.

Atos 3:4-6

São tantas pessoas a enfrentar suas tempestades, tantas máscaras de orgulho estampadas na multidão, são dores descomunais. Todavia, aquele que começa a ter seus primeiros encontros com Jesus vai se transformando, não por um processo miraculoso, mas pelo desenvolvimento de um estado de consciência.

É o amor do Cristo a nos envolver gradativamente, e à medida que Ele passa a ocupar os espaços vazios em nossa alma nós vamos nos metamorfoseando, nossa visão e olhar para as pessoas e para a vida se modifica.

O amor de Jesus, ao entrar no coração, transborda para fora da criatura transformada, de modo que quanto mais temos, mais distribuímos.

Claro que não podemos salvar o mundo, muito menos ajudar as pessoas como gostaríamos de fazer, mas um pouco de amor sincero e verdadeiro é sempre capaz de acalmar a tempestade do nosso semelhante.

Pela citação de Atos, percebemos que Pedro e João viviam em permanente estado de transbordamento do amor de Jesus, e esse sentimento é como a luz do sol, que você não consegue reter.

É como as águas do oceano que não se consegue deter entre os dedos das mãos, assim é o amor de Jesus, um transbordar abundante de afeto e compaixão.

As pessoas atualmente andam "armadas" psicologicamente, para se defender, tal a aridez que experimentam dentro do contexto da indiferença social, que começa nas famílias. E não raras vezes, a aproximação generosa com algum "refugiado" do país da rejeição causa estranhamento.

Palavras gentis e educadas podem ser interpretadas como pano de fundo para interesses inconfessáveis.

Dessa forma, aquele que pede esmola, nada aguarda além de um pedaço de pão, ou alguns recursos amoedados.

> *Poucos sabem ofertar sem humilhar, ajudar sem ofender, se aproximar sem invadir.*

E o homem esperava de Pedro e João apenas esmola, mas quando queremos, de fato, ajudar alguém, desejamos ofertar o que temos de melhor, e foi o que aconteceu no versículo introdutório desse capítulo. João e Pedro tinham um tesouro chamado Jesus, e foi isso que fizeram.

A força do amor do Cristo é tão incomensurável que arrebata quem dá e quem recebe, mas para que esse momento se dê a intenção deve partir de um coração habitado pelo Mestre.

O homem que esperava esmola recebeu o pão espiritual do amor de Jesus e surpreendeu-se. Os apóstolos não tinham ouro nem prata, possuíam algo mais precioso, a palavra de cura e salvação.

E ele, levantando-se, repreendeu o vento e a fúria da água; e cessaram, e fez-se bonança.

Lucas 8:24

E extravasando o amor de Jesus, Pedro e João repreenderam a tempestade na alma daquele homem, e fez-se a bonança.

Capítulo 33

TEMPESTADE E JESUS

> *Dizendo: Pai, se queres, passa de mim este cálice; todavia não se faça a minha vontade, mas a tua.*
>
> *E apareceu-lhe um anjo do céu, que o fortalecia.*
>
> *E, posto em agonia, orava mais intensamente. E o seu suor tornou-se como grandes gotas de sangue, que corriam até ao chão.*
>
> Lucas 22:42-44

Lucas fala de forma a nos emocionar em sua narrativa nessa passagem do Evangelho.

O coração de Jesus é visitado por uma tempestade, pois segundo o evangelista, o Cristo está em agonia. Ele sente, mas logo se renova na prova que lhe chega, é o momento do grande testemunho que Ele veio dar aos homens, seus irmãos.

Quando Ele se resigna, afirmando que a vontade do Pai deve prevalecer sobre a dele, a tempestade perde a força, uma vez que Ele se abriga na fé e na confiança em Deus.

Em mais uma passagem do Evangelho, Jesus aproxima-se da nossa humanidade e das nossas fraquezas, deixando assim o legado da Sua palavra, mas acima de tudo do Seu exemplo.

E é esse estado de consciência, ao qual já nos referimos em textos anteriores, que é o abrigo seguro nas tormentas da vida.

Ao buscarmos aceitar a vontade de Deus, pois entendo que carecemos de forças para lutar contra aquilo que não controlamos, a agonia perderá força em nosso coração.

Precisamos refletir, profundamente, na rebeldia que nos rouba a lucidez e o discernimento. É como alguém que se debate usando uma camisa de força, toda energia da inconformação se esvai em vão.

Gritamos e esperneamos até a exaustão, contudo, ao recorrermos à mensagem do Evangelho, adquirimos força muito mais poderosa a apascentar nossa alma.

> ## *Um tantinho de amor nos livra da insanidade, nos resgata da tempestade.*

E nesses embates dentro da nossa alma, nas lutas titânicas com o nosso orgulho, Deus nos manda reforço para lograr a vitória – é Jesus, que chega e nos pede para depor as armas e nos conclama a iniciar um movimento de pacificação interior, no retorno a nós mesmos, no autoencontro.

O leme da embarcação da vida encontra-se dentro da nossa alma. Ao buscarmos fora de nós o controle, que pode ser acionado somente por dentro na cabine de comando da embarcação, ficamos à deriva e cada vez mais nos afastarmos do porto seguro.

Jesus é o timoneiro da nossa vida, somos o "imediato", aquele que deve atender às orientações para não se perder no mar alto das provas humanas.

Erga sua cabeça, se a tempestade está bravia, Deus acendeu as estrelas para guiar você a um novo momento em sua vida.

É você o responsável pela organização do convés da sua nau; limpe o porão, arremesse ao mar toda carga desnecessária de rancores e mágoas, de expectativas quanto ao que você merece.

Fazendo isso, a graça de Deus irá lhe visitar como sol do novo dia.

Capítulo 34

VENCENDO GOLIAS

Pois Deus não nos deu espírito de covardia, mas de poder, de amor e de equilíbrio. Portanto, não se envergonhe de testemunhar do Senhor, nem de mim, que sou prisioneiro dele, mas suporte comigo os meus sofrimentos pelo evangelho, segundo o poder de Deus.

2 Timóteo 1:7-8

A travessia de grandes tempestades no mar nos leva a conhecer novos continentes. Conforme superamos nossos desafios e os vagalhões imensos das ondas tempestuosas mais nos fortalecemos.

Paulo de Tarso, em sua segunda carta a Timóteo, exorta seu jovem seguidor e aprendiz à compreensão de que Deus não nos deu espírito de covardia. Entretanto, é comum, que sobre os escombros da desilusão o ser humano não observe a força que o caracteriza tal qual herdeiro do Pai.

Por maior que seja o desafio e a prova, temos o DNA de Davi, que não deixou de enfrentar o gigante Golias.

> *E sucedeu que, levantando-se o filisteu, e indo encontrar-se com Davi, apressou-se Davi, e correu ao combate, a encontrar-se com o filisteu.*
>
> *E Davi pôs a mão no alforje, e tomou dali uma pedra e com a funda lha atirou, e feriu o filisteu na testa, e a pedra se lhe encravou na testa, e caiu sobre o seu rosto em terra.*
>
> *Assim Davi prevaleceu contra o filisteu, com uma funda e com uma pedra, e feriu o filisteu, e o matou; sem que Davi tivesse uma espada na mão.*
>
> *Por isso correu Davi, e pôs-se em pé sobre o filisteu, e tomou a sua espada, e tirou-a da bainha, e o matou, e lhe cortou com ela a cabeça; vendo então os filisteus, que o seu herói era morto, fugiram.*
>
> 1 Samuel 17:48-51

Com quantos Golias você já se deparou em sua vida?

Guardo a convicção de que muitos, mas todos eles foram superados, ainda que as circunstâncias parecessem gigantes diante de suas forças.

Davi venceu Golias, não pelo golpe espetacular e pela astúcia; a vitória começou a acontecer quando ele asfixiou o medo que dominava seu coração.

Claro que devemos nos preparar para superar as adversidades, mas Davi tinha na alma o escudo da fé e da presença de Deus, e foi essa condição que o levou a derrotar o filisteu.

As grandes conquistas pedem coragem, por isso, Paulo de Tarso afirma que Deus não nos deu espírito de temor, mas de poder, de amor e de equilíbrio.

Todas as manhãs, ao iniciar sua jornada você sabe que precisará superar um filisteu, seja no trabalho, na universidade e até mesmo no trânsito – onde gigantes da ira se manifestam dentro de seus automóveis.

Então, ao iniciar o dia, use a armadura do amor e da tolerância, a fim de superar os adversários de uma vida, que muitas vezes trazem hostilidade no dia a dia.

Algumas batalhas fazem nossas pernas tremerem, tal a dificuldade e o tamanho do Golias que se coloca diante de nós. Todavia, pelo amor de Deus por seus filhos, nosso espírito não é de covardia, mas de bravura.

Nas batalhas e tempestades, Deus fala ao nosso coração, como falou com Davi.

Capítulo 35

TRAVESSIA

'Senhor', disse Pedro, 'se és tu, manda-me ir ao teu encontro por sobre as águas'. 'Venha', respondeu ele. Então Pedro saiu do barco, andou sobre a água e foi na direção de Jesus.

Mateus 14:28-29

Acreditamos que a vida se manifeste sempre por situações a nos transmitir absoluta segurança, mas na realidade não é bem assim.

A dor, quando se torna insuportável, nos faz sair do lugar que acreditávamos viver de forma segura. É como andar sobre as águas; Pedro sabia que não havia chão sob seus pés, por isso pediu a ajuda do Cristo.

Já fui obrigado a andar sem saber se havia chão, porque ele me foi tirado por pessoas com as quais muito aprendi, principalmente a não fazer o mesmo com os outros. O medo me dominou, a incerteza tomou conta dos meus pensamentos, e foi sem chão sob meus pés que clamei por Jesus, de modo igual fez Pedro.

Senhor, estou perdido! Me leva ao Seu encontro!

Venha, Ele me respondeu, e, à medida que caminhava, a segurança pela renovação da minha visão sobre a vida foi me envolvendo e pude, então, andar sobre as "águas da incerteza".

A vida não é cartesiana, não existem respostas aritméticas nas questões subjetivas da alma. E muitas vezes, mesmo não enxergando o chão onde queremos pisar, precisamos caminhar em direção a Jesus.

Somos pequeninos na expressão da nossa fé, e tal como Pedro nós vacilamos e nos perdemos.

> *Mas, sentindo o vento forte, teve medo; e, começando a ir para o fundo, clamou, dizendo: 'Senhor, salva-me'!*
> *E logo Jesus, estendendo a mão, segurou-o e disse-lhe: 'Homem de pouca fé, por que duvidaste'?*
>
> Mateus 14:30-31

É natural que experimentemos insegurança muitas vezes, não desenvolvemos ainda a compreensão da realidade impermanente da vida. Certamente, teríamos dificuldade em lidar com essa realidade, assim, transitamos dentro de uma perspectiva a preconizar que exercemos algum controle sobre o imponderável. Mera ilusão!

> *E até os cabelos da vossa cabeça estão todos contados. Não temais pois; mais valeis vós do que muitos passarinhos.*
>
> *E digo-vos que todo aquele que me confessar diante dos homens também o Filho do homem o confessará diante dos anjos de Deus.*
>
> *Mas quem me negar diante dos homens será negado diante dos anjos de Deus.*
>
> Lucas 12:7-9

Da mesma forma que almoçamos para alimentar o corpo físico, precisamos refletir na urgente necessidade de manter uma comunhão com o Pai.

Confessar Jesus diante dos homens é reconhecer que Ele é o caminho, a verdade e a vida. É ter uma conduta humanizada, sem rebuscamentos santificados, como criatura à parte da Criação e da sociedade.

Confessar Jesus diante dos homens é ter o chão debaixo dos pés, é não temer amar por medo de que alguém nos tire o chão.

> *Quem assenta a vida no que é transitório sempre naufragará sob as águas da ilusão.*

Capítulo 36

MUNDO DE CÉSAR E MUNDO DE DEUS

Portanto, já que vocês ressuscitaram com Cristo, procurem as coisas que são do alto, onde Cristo está assentado à direita de Deus. Mantenham o pensamento nas coisas do alto, e não nas coisas da terra.

Colossenses 3:1-2

Mover-se na vida tendo por objetivo principal as coisas que atendem apenas às sensações do corpo, é como caminhar sobre areia movediça. O terreno pode estar seguro hoje, mas amanhã poderá se tornar o atoleiro fatal onde se pode perecer.

Paulo de Tarso, em carta aos Colossenses, recomenda despertarmos após os atoleiros morais, nos quais nos arrojamos, para uma vida nova com o Cristo.

Na teoria a respeito do mundo das ideias e do mundo sensível, Platão nos alerta sobre a corrupção dos sentidos, algo que tende a deflagrar processos ilusórios no entendimento da vida. O dualismo de Platão tem alto grau de concretude devido à condição humana de buscar sempre a satisfação dos sentidos mantendo-se longe da compreensão do mundo das ideias, que é abstrato, portanto, intangível.

O homem que ainda carrega em si a predominância das paixões tem grande dificuldade de entender que exista um mundo invisível, ou mundo das ideias, a que se referia o discípulo de Sócrates.

Ressuscitar em Cristo é buscar a conexão da alma, a nossa essência em comunhão com o sagrado.

Temos necessidade do alimento espiritual, pois quando o império das sensações está saciado, o vazio existencial nos visita, convidando-nos a encontrar um sentido para nossa existência.

E é nesse movimento de ir e vir do homem, que ora procura fora de si, e em outros momentos tenta fazer a viagem interior, que os conflitos se desenvolvem, deflagrando as doenças psíquicas e espirituais.

Considerando-se que a criatura humana não consegue gerir seus desejos, sentimentos e emoções, sua existência se revela tal qual uma verdadeira montanha-russa: no alto a euforia, embaixo os processos depressivos e de ansiedade.

Jesus apresenta em seu Evangelho o ponto de equilíbrio, sob o qual o espírito deve pautar seu caminho pelo mundo.

> *E enviaram-lhe os seus discípulos, com os herodianos, dizendo: Mestre, bem sabemos que és verdadeiro, e ensinas o caminho de Deus segundo a verdade, e de ninguém se te dá, porque não olhas a aparência dos homens.*
>
> *Dize-nos, pois, que te parece? É lícito pagar o tributo a César, ou não?*
>
> *Jesus, porém, conhecendo a sua malícia, disse: Por que me experimentais, hipócritas?*
>
> *Mostrai-me a moeda do tributo. E eles lhe apresentaram um dinheiro.*
>
> *E ele diz-lhes: De quem é esta efígie e esta inscrição?*
>
> *Dizem-lhe eles: De César. Então ele lhes disse: Dai pois a César o que é de César, e a Deus o que é de Deus.*
>
> Mateus 22:16-21

A armadilha fora arquitetada, Jesus, no entanto, conhecia o coração de seus perseguidores. A lição reveste-se de amplas possibilidades de entendimento e de adequação aos dias de hoje.

Conectar-se com Cristo é dar ao mundo sensível o que é do mundo sensível, mas sem abandonar a nossa essência espiritual deixando de lado a nossa origem.

Aprender a administrar as coisas de César e as coisas de Deus significa nos fortalecer e compreender que o mundo espiritual, a pátria original, é a expressão real do mundo teorizado por Platão.

Paulo de Tarso instruiu-nos a priorizarmos a sintonia com o mundo de Deus, a fim de nos tornarmos menos vulneráveis às tempestades perigosas, que ceifam vidas alienadas a respeito de si mesmas.

> *No final da nossa jornada,*
> *o tributo a ser pago será*
> *aquele que é devido*
> *à nossa consciência.*

Capítulo 37

TEMPESTADES E SERVIÇO

Cada um cuide, não somente dos seus interesses, mas também dos interesses dos outros. Seja a atitude de vocês a mesma de Cristo Jesus.

Filipenses 2:4-5

Quando colocamos apenas os problemas no centro de nossa vida, temos dificuldade em valorizar as vitórias obtidas.

Se existe uma fórmula mais efetiva de lidarmos com as tempestades é nos erguer e atender à dor dos nossos semelhantes.

Quando secamos as lágrimas das tempestades alheias, não sobra tempo de chorar as nossas lágrimas.

Ser útil, eis o caminho para se fortalecer em meio às ásperas refregas da existência.

O sofrimento sempre oprime, enfraquecendo a pessoa que passa pelo transe da dor; essa circunstância é perigosa, visto que quem sofre acredita que o isolamento é a melhor forma de superar a adversidade.

Certa vez, a minha filha me disse em uma conversa informal: "Pai, quando agregamos valor na vida dos nossos semelhantes a vida nos responde, agregando valor em nossa existência".

> *Funciona como uma lei natural, ou seja, cuidar do interesse dos nossos semelhantes é cuidar também dos interesses de Deus.*

Optar pelo isolamento, como meio de chorar, potencializa nosso sofrimento, nossa tempestade. Mas, direcionar o nosso olhar para quem sofre gera força extra. Por conseguinte, a dor diminui de intensidade.

O serviço no bem é o remédio e a cura.

O olhar para fora do universo do nosso umbigo amplia a compreensão sobre a vida, a ponto de invertermos a pergunta "Por que comigo?" para "Por que não comigo"?

A ideia de que a vida é injusta nos fragiliza, além de não nos favorecer em momento algum, muito pelo contrário, pois a energia emanada por quem se acredita vítima é das mais densas.

Essa crença de que as coisas chegam até nós injustamente confronta as leis de Deus, e nos coloca fora do circuito de forças das leis naturais, que deveriam nos renovar.

Não existem vítimas, nem culpados, porém, somos todos responsáveis pelo roteiro que vivemos.

> *E, endireitando-se Jesus, e não vendo ninguém mais do que a mulher, disse-lhe: 'Mulher, onde estão aqueles teus acusadores? Ninguém te condenou'?*
>
> *E ela disse: 'Ninguém, Senhor'. E disse-lhe Jesus: 'Nem eu também te condeno; vai-te, e não peques mais'.*
>
> *Falou-lhes, pois, Jesus outra vez, dizendo: 'Eu sou a luz do mundo; quem me segue não andará em trevas, mas terá a luz da vida'.*
>
> João 8:10-12

Ser útil, eis a palavra de vida que deve nortear nossos caminhos. Ao cuidamos das coisas de nossos semelhantes, Deus cuidará das nossas coisas.

O serviço da caridade é o remédio contra as tempestades.

Capítulo 38

TEMPESTADE E MERECIMENTO

E viu dois anjos vestidos de branco, assentados onde jazera o corpo de Jesus, um à cabeceira e outro aos pés.

E disseram-lhe eles: Mulher, por que choras? Ela lhes disse: Porque levaram o meu Senhor, e não sei onde o puseram.

E, tendo dito isto, voltou-se para trás, e viu Jesus em pé, mas não sabia que era Jesus.

Disse-lhe Jesus: 'Mulher, por que choras? Quem buscas'? Ela, cuidando que era o hortelão, disse-lhe: 'Senhor, se tu o levaste, dize-me onde o puseste, e eu o levarei'.

Disse-lhe Jesus: 'Maria'! Ela, voltando-se, disse-lhe: 'Raboni', que quer dizer: Mestre.

João 20:1-16

Maria Madalena enfrentou imensas tempestades até conhecer Jesus. O Mestre era a nova estação em sua alma, o dia novo depois da noite de sofrimentos e enganos. Por anos a fio ela percorreu o caminho da ilusão, aprisionada a conflitos emocionais dos mais graves e processos obsessivos, sendo perseguida por espíritos perversos.

Ao conhecer Jesus e por Ele ser acolhida, experimentou a apoteose da grande transformação emocional e espiritual. Ela vivia agora sob a mais leal conduta e fidelidade aos postulados do Evangelho, era a condição renovada da sua alma. Mas, os homens sempre a trataram com desconfiança, acreditando que o novo comportamento não passava de modismo que mais dia, menos dia ficaria pelo caminho.

> *O Mestre amoroso conhecia e conhece a intimidade do coração daqueles que afirmam ser fiéis aos seus postulados.*

O coração de Maria Madalena era estrela de brilho sem igual da verdadeira conversão aos ensinamentos do Cristo. Ela não se tornara santa, mas humana e aprendeu a amar os filhos do calvário, agora resgatados pelo amor de Jesus.

E como Jesus conhecia o coração e os sentimentos daquela mulher, foi para ela que Ele primeiramente apareceu, após ressuscitar. Ao se apresentar à Maria Madalena, o Cristo fala ao nosso coração, sinalizando que Ele também se mostra para todos nós, os filhos do calvário do século XXI.

Sequemos, então, as nossas lágrimas libertando-nos do passado das amarras da culpa e do remorso, pois Jesus está vivo e nos chama para o seu reino de amor.

É tempo de esperança, de renovação, da construção do reino de Deus em nossa alma.

Jesus reina soberano acima das iniquidades humanas.

Todos somos suas ovelhas, e conforme o nosso despertar para o trabalho da própria renovação alcançaremos o merecimento da sua visão gloriosa, tal qual Paulo de Tarso às portas de Damasco.

> *E, caindo em terra, ouviu uma voz que lhe dizia: 'Saulo, Saulo, por que me persegues'?*
>
> *E ele disse: 'Quem és, Senhor'? E disse o Senhor: 'Eu sou Jesus, a quem tu persegues. Duro é para ti recalcitrar contra os aguilhões'.*

> *E ele, tremendo e atônito, disse: 'Senhor, que queres que eu faça'? E disse-lhe o Senhor: 'Levanta-te, e entra na cidade, e lá te será dito o que te convém fazer'.*
>
> Atos 9:4-6

Tudo aquilo que fizermos a um dos pequeninos do mundo faremos ao próprio Jesus. Diante dessa realidade, já perseguimos o Mestre sem nos dar conta dessa atitude, que revela ignorância espiritual.

Ainda somos Saulo, mas estamos em processo de despertar para nos tornarmos Paulo, o que nos enseja perguntar ao Senhor Jesus:

Senhor, que queres que eu faça?

Capítulo 39

ESCOLHIDOS E CAPACITADOS

Eu escolhi Bezalel [...], e o enchi do Espírito de Deus, dando-lhe destreza, habilidade e plena capacidade artística.

Êxodo 31:2-3

Quando caminhamos dentro do propósito de Deus, Ele nos capacita de modo que tudo se realize segundo a Sua vontade.

Aquele que Deus escolhe será capacitado pelo dom de Deus. Bezalel, personagem registrado no Êxodo, foi uma dessas personalidades, que era vista como alguém cheio do Espírito de Deus.

Vemos em nossa sociedade muitas pessoas iguais a Bezalel, cumprindo a vontade de Deus e reverberando as obras do Criador.

Para entendimento mais assertivo, nós podemos repetir as palavras popularizadas, que dizem: Deus não escolhe os capacitados, mas capacita os escolhidos. Assim foi com Paulo de Tarso, Francisco de Assis, Madre Tereza de Calcutá e tantos outros.

O que nos diferencia dessas personagens, na medida que somos filhos do mesmo pai?

Falta de fé, de confiança, de autoestima?

Todas as hipóteses podem corresponder à realidade, mas a primeira condição para sermos capacitados por Deus é aceitarmos que fomos escolhidos.

Ocorre que na maioria das vezes, nós escolhemos o mundo, e nessa escolha o mundo pode asfixiar nossos talentos a partir do momento que nos abandonamos. Eu me refiro a viver personagens que nos são exigidos, em detrimento de quem realmente somos.

A escolha de Deus na capacitação de seus filhos não se assenta em privilégios, mas em quanto estamos dispostos a privilegiar a presença de Deus em nossa vida. Se o dom que nos é dado vem de fonte divina, é mister que nosso coração busque a sintonia com o sagrado.

Como ser escolhido, se a rebeldia com as dificuldades que me levam ao crescimento espiritual é interpretada como castigo e injustiça?

Os escolhidos, que são capacitados pelos dons divinos, abriram as portas do coração para que Deus pudesse entrar.

> *E disse-lhes: 'Vinde após mim, e eu vos farei pescadores de homens'.*
>
> *Então eles, deixando logo as redes, seguiram-no.*
>
> *E, adiantando-se dali, viu outros dois irmãos, Tiago, filho de Zebedeu, e João, seu irmão, num barco com seu pai, Zebedeu, consertando as redes;*
>
> *E chamou-os; eles, deixando imediatamente o barco e seu pai, seguiram-no.*
>
> *E percorria Jesus toda a Galileia, ensinando nas suas sinagogas e pregando o evangelho do reino, e curando todas as enfermidades e moléstias entre o povo.*
>
> Mateus 4:19-23

Um grupo de homens simples foi escolhido por Jesus, homens comuns, com problemas humanos, tempestades iguais às nossas.

A capacitação realizada por Deus não é um virar de chave milagroso, e um superpoder é outorgado ao escolhido, não. A capacitação se dá nas tempestades, então, entenda: você é um escolhido, e sua capacitação está se desenvolvendo.

Dia virá em que maravilhas de Deus acontecerão por suas mãos e palavras.

Os pescadores precisaram conviver com Jesus para se capacitar, mas sobretudo, ficar sem a presença de Jesus, após a crucificação, para que a iniciação se desse.

Pedro precisou negar Jesus em sua fragilidade humana, no entanto se tornou Cefas, a pedra base do edifício cristão.

Foi capacitado para isso.

> ## *Não desdenhe do seu papel no mundo, acredite em Deus que lhe capacita a cada dia.*

Desde a missão da paternidade, à cátedra como professor, a massa do pedreiro, o padeiro na padaria, o farmacêutico na farmácia, o gari na assepsia da cidade, o médico no centro cirúrgico – todos estão sendo capacitados porque foram escolhidos pelo Pai Celestial.

Deus tem nos dado destreza e habilidade profissional, mas para que a capacitação se traduza em obras, é fundamental que em todas as atividades do homem no mundo o amor seja a base de todas as realizações.

Capítulo 40

TEMPESTADE ÍNTIMA

O tolo dá vazão a sua ira, mas o sábio domina-se.

Provérbios 29:11

Na psicanálise, o inconsciente se revela pela oralidade mostrando o que existe no coração.

É muito difícil o aprendizado e o autocontrole quando estamos acostumados a reagir às provocações no campo relacional. Somos reféns da língua, e uma vez que a palavra sai pela boca é impossível recolhê-la novamente, com isso as consequências irão se mostrar mais cedo ou mais tarde.

As palavras de Jesus registradas por Mateus constatam essa realidade.

Raça de víboras, como podeis vós dizer boas coisas, sendo maus? Pois do que há em abundância no coração, disso fala a boca.

Mateus 12:34

Por que é tão difícil controlar a nossa língua?

A resposta não é das mais difíceis, mas o nosso orgulho é, certamente, o responsável por muitos dissabores que experimentamos.

Como ficar quieto diante de um agravo?

> ## Nossas reações inflamadas são os trovões a se expressarem pela língua refletindo a tempestade íntima.

É num repente que as coisas acontecem, e a explosão se dá.

O orgulho vos induz a julgar-vos mais do que sois; a não suportardes uma comparação que vos possa rebaixar; a vos considerardes, ao contrário, tão acima dos vossos irmãos, quer em espírito, quer em posição social, quer mesmo em vantagens pessoais, que o menor paralelo vos irrita e aborrece. Que sucede então? — Entregai-vos à cólera.

> *Pesquisai a origem desses acessos de demência passageira que vos assemelham ao bruto, fazendo-vos perder o sangue-frio e a razão; pesquisai e, quase sempre, deparareis com o orgulho ferido. Que é o que vos faz repelir, coléricos, os mais ponderados conselhos, senão o orgulho ferido por uma contradição? Até mesmo as impaciências, que se originam de contrariedades muitas vezes pueris, decorrem da importância que cada um liga à sua personalidade, diante da qual entende que todos se devem dobrar.*

Um Espírito Protetor. Bordéus 1863.
O Evangelho Segundo o Espiritismo.
Capítulo IX, Item 9.

Quando falta lucidez ao homem muitos crimes são perpetrados, justamente por esses estados de demência, evidenciados pelo orgulho ferido, a que se refere o amigo espiritual.

Crimes no trânsito, feminicídios, práticas preconceituosas e todas essas manifestações filhas do orgulho FERIDO.

O tolo dá vazão a sua ira, e crimes acontecem.

No instante da explosão emocional, a criatura humana apresenta imensas dificuldades de ouvir a voz de Deus na tempestade que eclode.

O papel da mensagem da Boa Nova é aplacar a fúria do orgulho humano e nos ensinar a olhar em todos os homens os nossos irmãos. Essa proposta, que nos parece a princípio utópica, é a base da construção do reino de Deus na Terra, em que os homens poderão viver sua humanidade e conviver com suas diferenças.

Nessa reflexão, recorro ao discurso do pastor Martin Luther King, proferido em 28 de agosto de 1963, em Washington, afirmando que tinha um sonho, um sonho de igualdade, em que brancos e negros pudessem se sentar à mesma mesa em um banquete de fraternidade.

Esse também é o sonho de Jesus para todos nós, que nos sentaremos com Ele à mesa quando, de fato, compreendermos que somos bem menos do que pensamos ser.

Capítulo 41

VOZES DE DEUS

Vinde a mim, todos vós que estais aflitos e sobrecarregados, que eu vos aliviarei. Tomai sobre vós o meu jugo e aprendei comigo que sou brando e humilde de coração e achareis repouso para vossas almas, pois é suave o meu jugo e leve o meu fardo.

Mateus 11:28-30

A dinâmica social dos dias atuais exerce uma pressão imensa sobre o estado emocional das pessoas. Sejam elas crianças, adolescentes ou adultos.

Instituiu-se um roteiro no qual todos devem transitar, de modo que sejam vistos tais quais pessoas normais, em busca de objetivos comuns e normais.

Talentos são asfixiados, sonhos são assassinados, e todos indistintamente são candidatos a processos de ansiedade e adoecimento.

A vida é mecanicista, desconsidera-se as questões cognitivas dos indivíduos e sua realidade espiritual.

Todos devem apresentar um resultado para os parâmetros de normalidade instituídos.

> *O cansaço se impõe,*
> *pois é cansativo viver*
> *o que não se é.*

Dentro dessa realidade, Jesus convida-nos a ir ter com Ele, pois seu jugo é leve e suave.

E ainda mais, o Cristo nos convida a aprender com Ele.

Não obstante, esse convite não nos pede para adentrarmos um processo de alienação, ou permanecermos ajoelhados aguardando as coisas do céu.

Lidar com as tempestades de uma vida impermanente é uma realidade absolutamente desafiadora. Por isso, a necessidade de contemplarmos a breve passagem por esse mundo de maneira bem honesta e responsável.

A dor existe, as dificuldades também; a felicidade existe, sim, mas não como um estado permanente de quem vive "abobalhado" e exilado da realidade do mundo. Nossa aflição é infinitamente mais dolorida, pois é a nossa ignorância quanto ao sentido do viver.

Jesus apresenta-nos um reino absolutamente diverso a esse que estamos acostumados a perceber pelos sentidos humanos. Trata-se de um convite à introspecção, ao mergulho interior, por meio do qual podemos encontrar a presença de Deus.

Nada obstante, a vida nos chama para fora, para o gozo, à exaltação do prazer, seja ele qual for. E ao nos alienar a essa verdade, na condição de espíritos imperfeitos que ainda somos, nós nos sentimos cansados e angustiados.

Tudo pesa, as dúvidas surgem, as tempestades eclodem. E é justamente no olho dessa tempestade, que inúmeras vidas têm sido ceifadas pela porta falsa do suicídio. É sobre isso que Deus fala pela boca dos espíritos que seguem vivos, e alertam para a continuidade da vida.

Afirmam eles:

> *Sou o grande médico das almas e venho trazer-vos o remédio que vos há de curar. Os fracos, os sofredores e os enfermos são os meus filhos prediletos. Venho salvá-los. Vinde, pois, a mim, vós que sofreis e vos achais oprimidos, e sereis aliviados e consolados. Não busqueis alhures a força e a consolação,*

*pois que o mundo é impotente para dá-las.
Deus dirige um supremo apelo aos vossos corações, por meio do Espiritismo. Escutai-o.
Extirpados sejam de vossas almas doloridas
a impiedade, a mentira, o erro, a incredulidade. São monstros que sugam o vosso mais
puro sangue e que vos abrem chagas quase
sempre mortais. Que no futuro, humildes e
submissos ao Criador, pratiqueis a sua lei
divina. Amai e orai; sede dóceis aos Espíritos do Senhor; invocai-o do fundo de vossos
corações. Ele, então, vos enviará o seu Filho
bem-amado, para vos instruir e dizer estas
boas palavras: Eis-me aqui; venho até vós,
porque me chamastes.*

O Espírito de Verdade. Bordéus, 1861.
O Evangelho Segundo o Espiritismo.
Capítulo VI.

Capítulo 42

OUVINDO DEUS

O Senhor voltou a chamá-lo como nas outras vezes: 'Samuel, Samuel'! Samuel disse: 'Fala, pois o teu servo está ouvindo'.

1 Samuel 3:10

Um pai sempre deseja ter intimidade com seu filho, por isso o chama constantemente. Ouvir a voz de Deus, entretanto, passa por uma decisão pessoal. E essa decisão reflete quais são os nossos interesses, por isso, é essencial prestar atenção na maneira pela qual Deus nos chama.

Deus fala conosco nas tempestades, mas antes delas acontecerem Ela já falava com nosso coração, para nos prevenir que a tomada dessa ou daquela decisão redundaria em sofrimento.

A voz de Deus pode vir através de sinais a nos mostrar que aquele projeto inapropriado para o momento, que insistimos em levar adiante, deve ser abortado.

A dificuldade é aceitar que os nossos desejos nem sempre são atendidos, justamente porque agimos, em muitas situações, feito crianças birrentas.

Deus chama por seu nome na acústica da sua alma, da mesma forma que chamou Samuel. E nós devemos responder, tal qual Samuel, destituindo-nos do orgulho e da presunção de tudo saber.

Fala, pois o seu servo está ouvindo!

Precisamos aprender, e mais do que aprender, acatar a voz de Deus que pode vir através de intuições, conselho de amigos e tantos outros sinais.

> *Quando Deus chamar seu nome, por meio de qualquer negativa, que expresse a não realização desse ou daquele desejo: ouça, preste atenção.*

A nossa teimosia em bater em portas que nunca se abriram e não irão se abrir, gera tempestades imensas.

Saulo foi chamado inúmeras vezes para o ministério do Evangelho, porém seu orgulho israelita não lhe permitia prestar atenção à voz de Jesus. A cada cristão perseguido e criminalizado por ele, Jesus falava ao seu coração, mas foi preciso que ele caísse às portas de Damasco para, finalmente, ouvir a voz de Deus em sua tempestade íntima.

> *E, indo no caminho, aconteceu que, chegando perto de Damasco, subitamente o cercou um resplendor de luz do céu.*
>
> *E, caindo em terra, ouviu uma voz que lhe dizia: 'Saulo, Saulo, por que me persegues'?*
>
> *E ele disse: 'Quem és, Senhor'? E disse o Senhor: 'Eu sou Jesus, a quem tu persegues. Duro é para ti recalcitrar contra os aguilhões'.*
>
> Atos 9:3-5

Sabemos que em tudo existe um propósito de Deus, mas nossas escolhas são determinantes de modo que essa realidade seja vivida com brevidade.

Enquanto não entendermos que somos espíritos imortais vivendo uma experiência humana, nossos sentidos irão nos iludir, então, viveremos confusos em muitos momentos, confundidos pelo prazer que o mundo vende.

E iludidos, desejaremos ser desejados, acreditando que a felicidade reside nisso, na satisfação dos sentimentos egoicos.

Até que a dor venha e nos desperte para a vida real.

Capítulo 43

SONHOS E TEMPESTADES

Em seu coração o homem planeja o seu caminho, mas o Senhor determina os seus passos.

Provérbios 16:9

A sabedoria popular diz: fazemos um plano, mas Deus faz outro. Dizem também que a voz do povo é a voz de Deus, pois é, nesse caso eu concordo.

Nem sempre os sonhos que elaboramos acontecem da forma que desejamos, mas o importante é que não deixemos de sonhar, porquanto os sonhos são o combustível da vida.

Precisamos absorver, que muitos sonhos elaborados podem revelar a falta de entendimento sobre o que irá acarretar a realização daquele desejo. E nesses momentos de contrariedade, compreender que Deus está por trás da negativa constitui uma postura de prudência.

Nem tudo é possível, e essa compreensão torna mais leve o entendimento de tudo.

> *Todas as coisas me são lícitas, mas nem todas as coisas convêm. Todas as coisas me são lícitas, mas eu não me deixarei dominar por nenhuma.*
>
> 1 Coríntios 6:12

O homem é livre para fazer suas escolhas, mas nem todas as escolhas lhe serão convenientes.

E quando falta bom-senso, o resultado é o sofrimento e a tempestade.

Trabalhamos e lutamos pela nossa sobrevivência, é absolutamente justo sonhar.

Não importa o tamanho dos seus sonhos, sonhe!

Busque realizar seus desejos, mas esteja atento quando eles lhe forem negados, pode ser a voz de Deus trazendo livramento.

Deus fala conosco através dos sonhos, pois foi desse jeito que ele falou com José, o carpinteiro, sobre o sonho de Deus para os homens.

> *Enquanto ele pensava nisso, um anjo do Senhor lhe apareceu em sonho e disse: 'José, filho de Davi, não tenha medo de receber*

Maria como esposa, pois a criança dentro dela foi concebida pelo Espírito Santo. Ela terá um filho, e você lhe dará o nome de Jesus, pois ele salvará seu povo dos seus pecados'.

Mateus 1:20-21

Jesus Cristo é o sonho de Deus materializado entre os homens.

Jesus é a voz do Pai celestial falando conosco através do Evangelho ensinado por Ele. Quando a tempestade rugir no céu das nossas esperanças, e as dificuldades se acentuarem, façamos uma prece para ouvir a voz de Deus manifestada no Evangelho de Jesus.

Ao silenciarmos nossas queixas e mudarmos o jeito de olhar os nossos semelhantes, nós ouviremos a voz de Deus nas palavras do Cristo:

Eu e o Pai somos um.

João 10:30

Jesus é a voz de Deus no mundo.

Quem ouve o Cristo escuta as palavras de Deus nas tempestades.

Capítulo 44

TEMPESTADES DA ALMA

Os olhos são a candeia do corpo. Quando os seus olhos forem bons, igualmente todo o seu corpo estará cheio de luz. Mas, quando forem maus, igualmente seu corpo estará cheio de trevas.

Lucas 11:34

Quando Lucas afirma que os olhos são a candeia do corpo ele se refere às janelas da alma.

Essa afirmação é muito mais abrangente do que a fraseologia do versículo parece demonstrar. Onde nossos olhos pousam a contemplar pessoas e situações são refletidos nossos traumas, dessa e de outras vidas.

A vida vai se constituindo mais bela à medida que nos livramos de conceitos e preconceitos culturais, familiares e religiosos.

Nossos olhos guardam muito do brilho, ou das sombras amealhadas ao longo de nossas existências. Os olhos são as lentes orgânicas pelas quais contemplamos o mundo, eles transmitem as imagens. Contudo, é a nossa condição evolutiva e capacidade psíquica a decodificarem o que nos chega do mundo exterior, o que significa dizer que ao sermos movidos pela inveja, ciúmes e orgulho nossa percepção íntima terá as nuances dessas emoções e sentimentos. Por isso, as nossas subpersonalidades evidenciam as cores mais ensombradas do comportamento alheio, guardando estreita identificação com as nossas sombras interiores.

De outro modo, ao identificarmos valores nobres e sentimentos edificantes em nossos semelhantes ou em determinadas situações é a nossa superpersonalidade que identifica as virtudes da alma.

Então, a grande arena dos embates conflituosos encontra-se na intimidade de nosso coração, assim também o reino dos céus, que o Cristo afirmou estar dentro de nós.

Nossos conflitos são as tempestades íntimas, de sentimentos e emoções, que se exteriorizam nas ações felizes ou infelizes que realizamos. São as tempestades do coração, nossa vaidade que exige ser atendida em suas infantilidades. Esse choque de sentimentos exerce influência direta em nossa qualidade de vida, desde o sono até a maneira que lidamos com pessoas e situações.

> *Se os olhos são as janelas da alma, a boca é o alto-falante por onde emitimos os sons dos sentimentos que vertem do coração.*

O homem que procura a comunhão com o sagrado preencherá os vazios da alma com a presença de Deus.

Capítulo 45

DEPOIS DA TEMPESTADE

Tenho-vos dito isto, para que em mim tenhais paz; no mundo tereis aflições, mas tende bom ânimo, eu venci o mundo.

João 16:33

É muito difícil compreender a mensagem que Deus nos envia quando estamos na tribulação da tempestade.

Nossos olhos ficam turvos pela chuva de lágrimas que assola nosso coração; um amigo me disse certa vez:

A dor é o sino de Deus, que plange para despertar o homem para o real sentido da vida.

Richard Simonetti

A razão que me levou a escrever esse livro foram as diversas tempestades que enfrentei, e outras tantas que testemunhei, vi pessoas entrarem em desespero adoecendo gravemente.

Eu mesmo me abati e experimentei delicada fragmentação da minha estrutura psicológica, e foi preciso aliar os cuidados socioemocionais com a busca pela conexão com Deus.

O que nos move a buscar o encontro com Deus é a nossa dificuldade em administrar o que não tem controle – a vida.

Teimamos, insistimos, batemos nas mesmas portas, mantemos a mesma conduta, e quando acreditamos que tudo está sob controle a vida vem e tira o chão debaixo dos nossos pés.

Quando acreditamos ter todas as respostas, a vida muda todas as perguntas.

"Somos bem menos do que pensamos, raramente um pouco mais"; é o tamanho da nossa presunção que nos leva a dimensionar nossa importância na vida de maneira exagerada.

Quando da leitura dessas páginas você se deparou com a lembrança de alguma tempestade vivida em seu coração, e esse foi meu desejo.

Que houvesse uma catarse íntima, um despertar e o desenvolvimento de um estado de consciência que amplie sua visão sobre a vida.

As lágrimas são colírios preciosos a dilatar as pupilas da nossa alma nos levando a enxergar mais longe, para além dos sentidos, que muitas vezes nos limitam a compreensão da nossa existência.

Benditas tempestades!

Em meio ao torvelinho das aflições e risco de naufrágio, não nos esqueçamos de que Deus é como o sol, que brilha perenemente acima das nuvens e sofrimentos humanos.

Se mantivermos nossos olhos fixos no céu ouviremos Deus na tempestade nos pedindo para termos bom ânimo.

O caminho de Jesus para a crucificação foi de extrema solidão, o nosso caminho pelo mundo é também um caminhar solitário, mas mais do que um deserto de esperança é justamente onde a vida se renova.

Você já enfrentou diversas tempestades, e durante o virar das páginas na leitura dessa obra em algum parágrafo sua memória lhe recordou alguma situação em que a ajuda inesperada chegou, era Deus falando contigo.

Deus já falou com você, e seguirá falando sempre.

Ele sempre fala, mas precisamos silenciar as queixas e as lamentações, para ouvir a Sua voz, no salpicar da chuva no telheiro, na cantiga dos ventos nos ramos do salgueiro, no choro de uma criança, nos cabelos brancos de um idoso, no pranto derramado no mundo inteiro.

O Rei Davi não temeu mal algum, ainda que tenha caminhado pelos vales da sombra e da morte, porque Deus estava com ele, assim como está contigo.

Pare de chorar!

Deus soprou nessas páginas consolo para sua alma, preste atenção... ouça...

Deus já falou contigo antes. Durante e depois da tempestade Ele segue sussurrando seu nome...

Assim como falou com o Rei Davi, Deus fala com o seu coração.

> *O SENHOR é o meu pastor, nada me faltará.*
>
> *Deitar-me faz em verdes pastos, guia-me mansamente a águas tranquilas.*
>
> *Refrigera a minha alma; guia-me pelas veredas da justiça, por amor do seu nome.*
>
> *Ainda que eu andasse pelo vale da sombra da morte, não temeria mal algum, porque tu estás comigo; a tua vara e o teu cajado me consolam.*

Preparas uma mesa perante mim na presença dos meus inimigos, unges a minha cabeça com óleo, o meu cálice transborda.

Certamente que a bondade e a misericórdia me seguirão todos os dias da minha vida; e habitarei na casa do Senhor por longos dias.

Salmo 23:1-6

Obrigado por comprar uma cópia autorizada deste livro e por cumprir a lei de direitos autorais não reproduzindo ou escaneando este livro sem a permissão.

Letramais Editora
Rua Lucrécia Maciel, 39 - Vila Guarani
CEP 04314-130 - São Paulo - SP
(11) 2369-5377 -   (11) 93235-5505
letramaiseditora.com.br
facebook.com/letramaiseditora
instagram.com/letramais

Os papéis utilizados foram Chambril Avena 80g/m² para o miolo e o papel Cartão Eagle Plus High Bulk GC1 Lt 250 g/m² para a capa. O texto principal foi composto com a fonte SabonNext LT 13/18 e os títulos com a fonte Arno Pro 28/30.

Editores
Luiz Saegusa e
Claudia Zaneti Saegusa

Direção editorial
Claudia Zaneti Saegusa

Capa
Casa de Ideias

Projeto Gráfico e Diagramação
Mauro Bufano

Revisão
Rosemarie Giudilli

Impressão
Lis Gráfica e Editora

1ª Edição
2025

Copyright© Intelítera Editora

Dados Internacionais de Catalogação na Publicação (CIP)
(Câmara Brasileira do Livro, SP, Brasil)

Salles, Adeilson
    Ouvindo Deus na tempestade / Adeilson Salles. -- São Paulo : Intelítera Editora, 2025.

    ISBN: 978-65-5679-067-1

    1. Ansiedade - Aspectos religiosos - Cristianismo
2. Autoconhecimento 3. Comportamento humano
4. Conflito (Psicologia) 5. Deus (Cristianismo)
6. Emoções 7. Oração - Cristianismo I. Título.

25-246688   CDD-158-1

    Índices para catálogo sistemático:
    1. Oração : Cristianismo   158.1
    Eliane de Freitas Leite - Bibliotecária - CRB-8/8415

Para receber informações sobre nossos lançamentos, títulos e autores, bem como enviar seus comentários, utilize nossas mídias:

- letramaiseditora.com.br
- comercial2@letramais.com
- youtube.com/@letramais
- instagram.com/letramais
- facebook.com/letramaiseditora

Redes sociais do autor:

- youtube.com/adeilsonSallesOficial
- instagram.com/adeilsonsallesoficial
- facebook.com/adeilson.salles.94

Esta edição foi impressa pela Lis Gráfica e Editora no formato 140 x 210mm. Os papéis utilizados foram Chambril Avena 80g/m² para o miolo e o papel Cartão Eagle Plus High Bulk GC1 Lt 250 g/m² para a capa. O texto principal foi composto com a fonte Sans-Next LT 13/18 e os títulos com a fonte Arno Pro 28/30.